KB236919

소설, 거꾸로 읽기

소설, 거꾸로 읽기

지은이 김경숙
인쇄일 초판1쇄 2008년 1월 25일
발행일 초판1쇄 2008년 1월 31일
발행처 새미
등록일 제324-2006-0041호

발행인 정구형
편 집 박지혜, 이초희, 김나경, 심근영
총 무 한미애, 박지연
물 류 김종효

서울시 강동구 성내동 447-11 현영빌딩 2층
Tel 441-1762, 442-4623,4,6
Fax 442-4625
www.kookhak.co.kr
kookhak2001@hanmail.net

ISBN 978-89-5628-291-6 *93080
가 격 18,000원

저자와의 협의하에 인지는 생략합니다.

소설, 거꾸로 읽기

– 소설의 서사형식과
의미형성 과정 이해 –

길경숙 지음

새미

차례

I. 서론

문학의 서사 구조에 처음 관심을 가졌던 사람은 아리스토텔레스이다. 그는 미토스(mythos)라는 표현으로 오늘날의 플롯(plot)에 가까운 개념을 생각했다. 아리스토텔레스는 그의 ≪시학≫ 제6장에서 비극의 여섯 가지 요소 중의 하나로 미토스를 들었는데, 이것이 오늘날의 플롯에 해당되는 개념이다. 아리스토텔레스는 비극에는 처음에 올 요소, 중간에 올 요소, 끝에 올 요소가 각각 달리 있다는 사실을 표명한다. 또한 그는 "행동의 부분들은, 만약 단 한 부분이라도 위치를 바꾸거나 빼버리면 전체가 바뀌거나 흩어지도록 그렇게 짜여져야 한다"며 플롯의 중요성을 강조하고 있다.[1]

서사물의 기호학적 연구는 둘로 나눌 수 있다. 그 하나는 서사 기법의 분석이고, 또 하나는 서사 내용을 지배하는 법칙의 탐구다. 이 법칙들은 구성의 두 가지 수준에 좌우된다. 이 법칙은 서사물로서 구성된 일련의 사건들이 이해될 수 있는 것이 되기 위해서 반드시 존중해야 할 논리적 제약을 반영한다. 그

---

[1] 김천혜, ≪소설 구조의 이론≫, 문학과 지성사, 1994, 170~173면.
  "전체는 시작과 중간과 끝을 가지고 있다. 시작은 스스로 다른 것을 뒤따를 필요가 없는 것으로 시작으로부터 자연스럽게 다른 것이 되거나 생겨난다. 끝은 반대로, 스스로 다른 것으로부터 되어지거나 생겨나면서도, 필연적으로, 아니면 일반적으로 그로부터는 더 이상 아무것도 생겨나지 않는 존재다. 결국 중간은 시작의 뒤에 오고 끝의 앞에 오는 존재다." Aristoteles, Poetik, Stuttgart 1972, 33면 이하.

러나 서사의 범위와 요소를 정리함에 있어 시야가 광범위해질수록 방법은 엄밀성이 떨어지기 마련이므로 기본적으로 개념을 설정해놓는 것이 무엇보다 필요하다.

서사의 기본 개념은 프롭의 원리에서 간명하게 생각해볼 수 있다. 프롭은 서사의 기본 단위로 서사 원자를 든다. 서사 원자는 이야기가 연속적 집합이 되었을 때 서사물을 발생시키는 행동이나 사건을 뜻하는 기능(function)을 한다.

다음으로 서사에는 최초의 세 가지 기능 집합이 있는데, 이는 <기본 연속>(elementary sequence)을 만들어 낸다. 세 가지 기능집합은 모든 과정의 필수적 삼 단계와 일치한다.

첫째 기능은 수행될 행동과 예견되는 사건의 형식으로 과정을 개시한다.

둘째 기능은 이 사실성을 실제적인 행동과 사건의 형식으로 성취시킨다.

셋째 기능은 성취된 결과의 형식으로 과정의 끝을 맺는다.

마지막으로 살펴볼 것은 어떤 기능도 이 연속체 속에서 다음 기능을 필연적으로 초래하지 않는다는 점이다. 이는 프롭의 방법과는 조금 다른 것으로, 오히려 그와는 반대로 계기의 시초가 되는 기능이 제시될 때, 서술자는 그 다음에 행동이 뒤따를 것인가 그렇지 않으면 사실성의 상태를 그대로 지속할 것인가 하는 것을 결정할 선택권을 갖는다. 그러니까 하나의 행동이 앞으로 실현될 것으로 제시되거나 앞으로 일어날 사건이 예견될 때, 이 행위나 사건의 현실화는 일어나도 좋고 안 일어나도 좋은 것이다. 서술자가 그 행위나 사건을 현실화하기로 선택을 했을 때에도, 그는 여전히 과정을 끝까지 계속시킬 것인가 그렇지 않으면 중도에 중단시켜 버릴 것인가를 결정할 선택권을 가지고 있다. 즉 행동은 그 목표에 도달할 수도 있고 그렇지 못할 수도 있다. 또 사건은 예견된 결말까지 진행되어 나갈 수도 있고 그렇지 못할 수도 있다.

모든 서사물은 일련의 인간적 흥미 거리가 되는 사건을 단일한 플롯을 가진 단일체로 집성시킨 담론으로 되어 있다. 연속성이 없는 곳에서는 서사물이 있을 수 없고, 기술이나 연역, 서정적 감정유출이 있을 뿐이다. 서사물은 또 플롯을 가진 단일체로 집성되지 않고서는 존재할 수 없고, 오직 연대기나 아무런 종합도 되지 않은 사실의 연속의 발표가 있을 뿐이다. 인간적 흥미가 내포되어 있지 않은 곳에서 서사물은 존재할 수 없다. 왜냐하면 인간에 의해 발생된 계획과의 관계에서만 사건은 의미를 가질 수가 있고, 구조를 가진 시간적 연속으로 구성될 수 있기 때문이다.

서사물의 진행은 계속적인 순환에 따라 향상과 악화의 국면이 번갈아 교체한다. 이 교체는 가능할 뿐만 아니라 필연적이다. 개인이나 집단에 해를 끼치고 있는 결함(그 형식은 가난, 질병, 우둔함, 남성 상속자의 부재, 만성적 역병, 학구욕…등이다)을 제시하는 이야기의 서두가 있을 때, 이 서두가 발전하기 위해서는 상황이 진전되어야 한다. 즉 어떤 수정을 가져올 무슨 일인가가 일어나야 한다. 그러면 그것은 어떤 방향으로 일어나야 하는가? 향상의 방향도 생각할 수 있고, 악화의 방향도 생각할 수 있다. 그러나 향상만이 가능하다는 것은 옳은 일이다. 물론 불행이란 더욱 심해질 수도 있다. 세상에는 불행에 불행이 겹쳐 악화가 또 악화를 가져오는 서사물도 있다. 그러나 이 경우에 있어서도 첫 번째 악화의 끝으로 나타나는 결함을 바로 두 번째 악화의 출발점은 아니다. 이 중간의 일시적 중지상태-<유예>-는 기능상으로 향상의 기간과 같다. 그렇지 않으면 최소한 아직도 구제할 여지가 있는 것의 보전을 나타내는 국면과 동등하다. 새로운 악화의 출발점은, 향상될 수밖에 없는, 악화된 상태가 아니라, 악화될 수밖에 없는, 아직도 비교적 만족스러운 상태. 이와 마찬가지로 두 개의 향상의 과정은, 첫 번째 과정에 의해 향상은 되었으나 무엇인가 미진한 것이 있지 않는 한, 이어질 수가 없다. 이러한 결함을 포함시켜서 서술자는 악화의 국면과 동등한 것을 여기에 끌어들인다. 첫 번째 향상의 결과인 아직도 비교적 부족한 상태는 향상을 위한 새로운 국면의 출발점이 된다.[2] 이와 같이 서사에는 서사의 기본 원리가 있다.

소설의 의미는 소설의 기본 요소인 인물의 형식과 인물의 제시방법, 플롯의 과정, 서술방식, 문체 등이 서사에 기여하면서 주제의식을 강화시켜 나갈 때 형성 될 수 있다.

소설을 쓰고자 하는 사람이라면 누구나 소설을 잘 쓰기를 원할 것이다. 소설을 잘 쓰기 위해서는 무엇보다 자기와의 싸움을 이겨내는 부단한 노력이 뒤따라야한다. 또한 앞서 모범이 될만한 좋은 작품을 분석하고 그 방법을 자신의 것으로 삼는다면 소설쓰기에 좀 더 가까이 다가갈 수 있을 것이다. 그러므로 소설을 공부하기 위해서는 좋은 이론서를 선택하여 소설의 형성과정을 이해하는 것은 무엇보다 필요한 과정이라고 생각한다. 그러나 우리 주위에는 이미 수많은 이론서가 나와있다. 이미 소설쓰기에 대한 수많은 이론서가 나와 있는 이상, 거기에 또 다른 이론서를 보태는 것은 의미가 없다고 생각한다.

본 논의는 일반 연구서나 소설 창작론과 달리 좋은 소설 몇 작품을 선택하여, 그것을 역으로 분석하는 방식으로 소설쓰기 방식을 이해해보고자 한다. 수많은 이론서와 소설창작론이 있지만, 정작 잘 쓰인 소설이 어떠한 방식으로 쓰였는지와 그 구성요소가 어떻게 서사에 기여하고 주제를 살려내는지에 대한 연구는 미비한 편이다. 이는 소설을 분석하는 과정이 번거로운 과정이기도 하지만 소설을 좀더 세부적이고 종합적으로 이해하려는 생각을 하지 못하기 때문이기도 하다.

본 연구는 소설의 서사구조를 면밀하게 분석하여, 소설의 미적구조와 함께 그것의 형성과정을 이해하는 것을 목표로 한다. 소설의 미적구조와 형성과정을 이해하기 위해서는 Text 선택은 그 무엇보다 중요하다. 연구 대상은 김승

---

2) 끌로드 브레몽, ≪현대 소설의 이론≫, 192~198면.

옥과 오정희 소설중 단편소설을 중심으로 선정했다. 김승옥과 오정희 단편
소설은 감성이 풍부한 문체 뒤에 단단한 플롯을 지니고 있어 단편소설의 정
수를 보여주는 작품들이 많다. 그러나 김승옥과 오정희 소설을 Text 대상으로
선정하는 데에는 본인이 김승옥과 오정희 소설을 연구하고, 그것의 구조를
이해함으로써 그것을 본으로 삼아 소설쓰기 형식을 이해하는 기틀을 삼고자
하는 욕심이 더 크다고 할 수 있다.

　소설 서사의 과정을 검토하는 것은 소설이 지니고 있는 미학적 특성과 함
께 미학적 특성이 형성되는 과정을 이해하고 분석할 수 있는 의미를 지니고
있다. 또한 플롯이 탄탄한 소설을 검토하는 것은 소설 공부를 하는 본인에겐
소설 창작 공부에 큰 도움이 될 거라는 기대감이 있기 때문이다. 또한 이러한
논의가 소설 창작에 고심하고 그것을 마지막순간까지 잡고 있을 소설학도에
게도 다소 도움이 되길 바랄 뿐이다.

Ⅱ. 김승옥 소설 분석

소설은 현실세계에서 간과하기 쉬운 가치와 진실을 탐구하는 예술장르이다. 그러므로 소설 구성요소에서 인물의 역할과 기능은 무엇보다 크다. 인물창조는 곧 소설의 성패를 좌우할 정도로 중요한 부분이다. 인물의 성격에 따라 사건의 전개양상이 달라질 수 있는 개연성을 지니게 되기 때문이다. 인물의 성격은 일상적인 생활에서 간과해버리기 쉬운 사소한 문제일지라도 그것을 고민하고 방황하는 가운데 부각된다. 그러나 인물이 소설에 작용하는 기능은 단순히 인물의 독특한 성격이나 역할에 있는 것만이 아니다. 소설은 실용적인 글은 아니지만 과학적 · 논리적 체계에 의해 짜여지고 만들어진 글이다. 따라서 소설의 구성요소는 작가의 의도 하에 창조되고 가치를 부여받게 되는데, 등장인물 또한 여기에 포함된다고 할 수 있다. 따라서 모범이 될 수 있는 소설에서 등장인물의 기능이 서사에 역할을 하고 어떠한 방식으로 작용하는지에 대한 검토는 소설을 공부하고 이해하는 중요한 방법이라고 생각한다. 소설분석에서 인물의 성격과 인물이 제시된 방식을 검토하는 것은 무엇보다 의미가 있고, 소설쓰기의 전범을 깨닫게 하는 중요 방식이라고 생각한다.

1. <幼想手帖>[1) 인물 분석

1) 인물의 성격 변모

<幼想手帖>은 서두에 화자가 나타나, 이 글은 자신과 가까이 지낸 친우가 쓴 소설 형식의 수기임을 밝힌다. 그러나 서두만 보면 소설의 화자가 소설 인물 중에서 누구인지 알 수 없다. 마지막 부분에 가서야 화자가 수기에서 부정적인 인물로 그려지는 임수영으로 밝혀지면서 독자는 놀라게 된다.

<幼想手帖>은 중편소설이니 만큼 인물이 여럿 등장한다. 우선 수기를 서술한 문과대학생인 '나'와 서울 생활을 견디어 내기 힘들어 하향을 결심했을 때 자살하러가는 거냐며, 자살을 독려하던 오영빈이 있다. 그리고 고향에 내려왔을 때 춘화를 그리며 폐병약을 사는 임수영, 시를 쓰는 김윤수, 고등학교 때부터 '나'를 잘 따르던 김형기 등 다섯명의 인물이 주요인물이고, 그 외에 가족들과 서커스단에서 만난 이씨와 미아 등의 인물이 등장한다.

등장인물은 모두 20대 초반의 방황과 고뇌를 가진 인물들로 다양한 성격을 보여주는데 이들에게 공통적으로 나타나는 모습은 어딘가 보통 사람들이 보여주는 생활을 견뎌내지 못한다는 점이다. 따라서 인물의 성격변화와 인물들 간의 관계양상은 젊은이들의 고뇌와 생활의 의미를 조명하는데 초점이 맞추어져 있다.

① 수기의 직접 서술자, 정우 : 서술자인 정우는 대학에서 배우는 공부에 환멸을 느끼고, 서울의 생활에서 남들의 무관심에 충격을 받고 고향에 내려오기로 결심한다. 정우는 서울에서 부글부글 끓어오르는 내부를 무관심한 표

---

1) 김승옥, <幼想手帖> ≪김승옥 소설 전집 2≫, 문학동네, 1998.

정으로 가려버리는 법을 배웠다. 하지만 정우는 현실에서 요구하는 냉정한 인물이 될 순 없었다. 그것은 정우와 사귄 선애의 죽음에 충격을 받고 고향을 내려오는 결심을 한 것에서 잘 드러난다. 선애의 죽음은 정우의 책임이 크다. 친구 영빈이 자신이 아는 창녀인 향자와 선애를 서로 바꾸어 자보자고 제안을 했는데 정우가 그것을 수락했기 때문이다. 선애는 영빈과 잠을 잔 다음날 자살을 했다. 그러나 선애의 죽음도 정우의 마음을 겉으로 드러내게 하지는 못한다. 정우는 자신의 마음을 친구인 영빈에게 조금도 드러내지 않는다. 그러나 정우 마음속엔 서울에서 더 이상 자신을 기만하는 환멸을 참아내기 힘들다고 생각한다. 정우는 자신이 더 철저히 파멸될까 두려워 고향에 돌아오게 된다. 따라서 소설의 갈등구조는 서울에서 견디기 힘든 환멸을 고향에서 극복하고 현실세계로 다시 돌아올 수 있는지의 문제라고 할 수 있다. 따라서 <幼想手帖>은 정우와 또 다른 인물간의 대립구조를 지니고 있지 않고, 주인공과 현실세계와의 대립, 현실에서 벗어나고자 하는 마음과 진입하려는 갈등이 주요 플롯으로 작용한다. 다른 인물들은 주인공이 현실세계를 탐색해나가는 데에 따른 변수로 작용하면서 주인공이 느끼는 현실세계를 다양하게 보여준다. 그러나 주인공의 친구들은 주인공의 의식과 마찬가지로 환멸적인 세계의식을 지니고 있고, 이러한 세계를 더욱 짙게 보여줄 따름이다.

그러므로 정우는 고향에 돌아와서도 결론을 내리지 못하고 시간을 보내기만 한다. 정우는 춘화를 그리며 돈을 버는 수영을 만나며 밑바닥까지 내려가 있는 자를 부러워한다. 하지만 정우는 그만큼의 강도로 추락하는 것을 무서워할 만큼 완전히 타락하지도 못한다. 그러나 정우가 자신의 마음을 처음으로 분출하는 장면이 나타난다. 그것은 자신과 고등학교 때부터 친했던 형기가 술집에서 노는 장면을 발견하면서부터이다. 형기는 학교 다닐 때에 계집애처럼 예쁘장하고 키가 작아서 정우의 각시로 통할 만큼 친한 친구이다. 형기는 지난 해 겨울 큰 화재가 발생해 가족들은 모두 죽고 혼자 살아남았지만 화상을 입어 장님이 된 후로 안마술을 배워 푼돈을 벌며 살아가고 있다. 정우는 친구 윤수가 형기를 술집으로 꾀어내어 술집여자들과 그를 삥 둘러싸고 '용용 날 잡아라'를 하는 장면을 목격하면서 분을 참지 못한다. 정우는 형기의 뺨을 갈기고 형기를 데리고 바깥으로 나온다. 정우가 분을 내는 것은 형기로 상징되는 순수한 영역을 지키고 싶은 내면의 정황을 보여준 것이다. 그러나 이 또한 정우가 지켜낼 수 있는 것이 아니라는 것이 형기가 술집 여자 중 '인자'를 좋아하고 육체관계도 갖는다는 소식을 들으면서 도출된다.

정우의 생활을 지켜보던 부모님은 정우 여행을 다녀오라며 돈을 마련해 준다. 정우의 부모님은 여행을 다녀온 후에 마음 단단히 먹고 남들처럼 한번 살아보자고 독려한다. 정우 또한 아버지와 어머니만은 자신만큼, 아니 자신보다도 더 절실하게 번민을 앓아주고 있는 것이니 그런 분들이 요구하는 것이라면 무엇이든 되어주고 싶다는 생각을 하며 여행에 임한다. 정우의 마음은 삶의 고뇌와 번민을 안고 생활인으로 살아야하는 것인지, 애초에 자살을 해야 할 것인지에 대한 갈등이 내재되어 있다.

정우는 윤수와 함께 남해 일대를 돌기로 한다. 정우가 여행에서 만난 인물은 같은 여관에 투숙하게 된 서커스단의 훈련 부장인 이씨이다. 그러나 서커스단은 다음날 거문도 섬에 들어가 공연을 한 후 경영난으로 해체하게 된다. 정우는 이씨와 같이 술자리를 가지면서 이씨가 서커스를 30년을 했다는 얘기와 서커스단이 해체된 이후에 살길이 막막하다는 얘기를 듣는다. 그러나 공연을 하는 날 정우는 이씨의 얼굴에서 생활의 의미를 이해하며 그곳에 한번 들어 가보고 싶다는 생각을 한다.

요컨대 그날 밤의 공연은 적어도 내게는 화려한 구경거리가 아니라 가장 대표적인 생활형태였을 뿐이다. 나는 그 밤 이후로는 한번도 공연장소엘

가지 않았다. 그런데 집요하게 머릿속에 남아 있는 것이 있었다. 여관에서의 이씨와 철봉그네 위에서의 이씨는 그리고 윤수에 곁에서의 미아와 줄을 타고 있던 미아는 어쩌면 그렇게도 달랐던가! 생활하는 딴 얼굴은 슬프도록 서먹서먹했다 그러나 그 서먹서먹하다는 느낌 속에 존경의 감정이 끼어들었다면 나는 어찌될까? 그런데 사정은 그런 것이었다. 나의 연민을 받고 있던 사람들이 나의 가족으로 그리고 나의 스승으로 되는 까닭을 알고 보면 그렇게도 단순한 것이었다. 내가 무서워하며 들어가기를 망설이고 있던 것은 실상은 아주 간단한 모습을 한 하나의 얼굴이었던가? 저 일생생활이란 대수롭지 않은 하나의 탈[假面]이란 말인가? 둘러써도 별 손해 없는, 과연 별 손해없는? 철봉그네 위에서의 이씨의 표정처럼 위악(僞惡)도 없고 위선(僞善)도 없는 것이라면 한번 둘러써보고 싶었다. 그러나 나의 이런 생각이 색다른 것이긴 하지만 역시 망상이었다는 사실을 다행히 곧 밝혀졌다.[2]

정우는 이씨의 얼굴을 보면서 처음이자 마지막으로 일상생활의 대수롭지 않은, 별 손해가 없는 탈로 둘러써보고 싶다는 생각을 하게 된다. 일상생활이 철봉그네 위에서의 이씨의 표정처럼 위악도, 위선도 없는 것이라면 그 세계에 들어가고 싶다는 생각을 한다. 정우가 현실의 일상생활에 뛰어 들어가지 못하는 것은 결국 현실생활의 위악과 위선과 환멸을 경험했기 때문인데, 이씨에게서는 그러한 모습을 발견하지 못했기 때문에 존경심마저 갖게 된 것이다. 30년을 서커스를 해온 이씨에게서 정우는 인생의 깊이와 생활의 의미를 생각해보게 된 것이다. 그러나 이씨가 서커스 공연을 하던 도중 공중에서 자살을 함으로써, 현실생활에 의미를 부여하고 진입을 시도하려 했던 정우의 의지와 소망 또한 같이 깨어지게 된다. 이로써 정우는 현실세계 속에서 살아갈 수 있는 희망과 의지를 가질 수 없게 된다. 정우는 집으로 돌아와 자살을 한다. 이로써 현실의 환멸이 극복될 수 없는 주제임을 죽음으로써 암시한다.

---

2) 위의 책, 69면.

② 오영빈 : 오영빈은 정우의 학교 친구로 서울내기의 타락한 의식을 보여주는 전형적인 인물이다. 영빈은 정우가 고향에 내려간다고 했을 때 자살하러 가는 거냐며, 자살하기 좋은 장소로 경주의 토함산 부근의 정보를 건네주기도 하며, 자기에게는 용기가 없어 그렇게 못하지만, 자기가 알려준 장소에서 뛰어내려주기만 하면 그 자리에 비석을 세워주겠다고 약속까지 하는 친구다. 영빈의 성격은 정우의 여자인 선애와 자신이 아는 창녀 향자를 바꾸어 보자는 데서 그 악마성이 드러난다. 또한 고향에서 수영이 정우에게 춘화를 사서 보내달라고 천환을 보내왔을 때, 영빈은 "메시아가 탄생했다"며 돈 천환을 더 보태어 춘화 팔십 매를 구해다가 보내줄 정도로 엽기적이고 엉뚱한 인물이다. 그러나 정우가 차표를 입에 물고 개찰구를 나설 때, 뜻밖에도 "될 수 있는 대로 살아봐" 라는 말을 하는데, 정우는 영빈의 말이 실수인 것처럼 생각될 정도로 가치함몰적인 인물이다. 영빈은 서울생활의 환멸적 모습을 보여주고 어떤 가치나 관계도 진지해 질 수 없음을 드러내는 역할을 한다. 그러나 영빈이 추하게 보이지 않는 것은 정우와 영빈이 보여주는 고뇌와 방황이 젊기 때문에 진지해지지 못하고 밝고 경쾌하게 표출되기 때문이다.

③ 선애 : 정우가 선애를 만나게 된 것은 정우가 아르바이트로 야경 순찰 일을 하고 있을 때, 선애도 그 일을 하겠다며 반장을 찾아오면서부터이다. 선애는 여자라 순찰 일을 못하게 됐지만 정우가 자신에게 들어온 과외자리를 소개시켜주면서 둘은 가까이 지내게 된다. 정우가 선애에게 왜 그런 일을 하려느냐고 물었을 때 선애는 몸을 파는 것보다는 낫지 않느냐 며 자신의 삶을 꿋꿋하게 살아가는 모습을 보인다. 선애는 가난한 시골 어느 가족의 맏딸로서 생활에 부대끼면서도 거세게 살아가는 용감한 여대생이다. 정우가 선애와 잠자리를 한 후 순전히 성욕 때문이었다고 말했을 때에 '알아요'라고 말할 정도

로 선애는 세상일에 강한 힘을 보여준다. 그런데 선애는 정작 정우의 애를 갖지 않게 된 것을 알았을 때에 눈물을 보이는데, 그것은 명랑한 척해 보이던 표정 뒤에 무섭도록 조용한 불안이 숨어 있다가 안심을 하면서 흘리는 눈물이었던 것이다. 선애는 정우를 만나기 전까진 대학에 다니는 것에 대한 의미를 '얼마만큼 해낼 수 있나 하는 끈기를 시험하는 것이라며, 우리는 용감하다'며 강한 면모를 보여주었다. 그러나 정우가 사랑을 성욕으로 간주한 것을 그대로 수용하면서 선애도 자신의 마음을 진지하게 드러내지 않는다는 것을 알 수 있다. 정우는 순전히 성욕 때문에 선애와 잠을 잔 것은 아니었기 때문이다. 이런 일이 있을 후에 선애는 점점 약해져 갔고, 어쩐지 뻥 뚫린 구멍을 보아보린 것 같다며, 아무리 발버둥쳐도 별수 없이 눈에 보이는 구멍이 있고, 그곳으로 찬바람이 술술 새어 들어온다고 했다. 선애는 이를 악물고 해나가면 될 수 있을 거라고 생각했지만, 이젠 그렇게 하기가 힘들다는 말을 했다. 선애의 변화는 자신과의 잠자리를 성욕으로 치부하고 무관심한 표정으로 일관하는 정우로부터 환멸을 경험했기 때문이다. 이것은 어렸을 때 가난한 살림으로 도시락을 싸오지 못한 탓에 아이들이 가져다주는 도시락을 먹었는데 그것이 미담으로 신문에 남으로써 이 세상엔 미담이 없다는 것을 깨달으면서 현실의 환멸을 경험한 것과 비슷한 또 다른 종류의 환멸인 것이다. 여기에 더해 영빈과 관계를 갖게 되면서 선애는 더 이상 삶을 견디지 못하고 자살을 하고 만다. 정우가 선애를 영빈에게 넘긴 것은 최소한의 도덕적 가치를 지켜내지 못한 것을 뜻한다. 선애는 이로써 자신이 붙잡고 있던 삶의 의지와 용기를 잃어버리고 가슴이 뻥 뚫린 것 같은 고독함에 괴로워하는 것이다. 선애의 죽음은 정우로 하여금 서울 생활에 종지부를 찍고 자신의 삶과 현실의 삶을 보다 진지하게 탐색하게 하는 계기를 제공한다.

④ 임수영 : 임수영은 소설 서두에 잠깐 나타나 이 소설을 소개하는 역할을 하다가, 수기속에서 타락한 인물의 형식으로 다시 등장한다. 그리고 소설의 마지막 부분에 ― 임수영 씀. 으로 마무리를 하면서 이 수기를 소개하는 인물이 자신임을 드러낸다.

수영은 화자의 고향친구로 폐침윤 2기의 진단을 받고 춘화를 그리며 약값을 충당한다. 수영은 병에 걸려있으면서도 기어코 살아내겠다는 의지로 뭉쳐 있는 친구였다. 그래서 돈을 만들기 위해, 약을 사기 위해, 살기위해 윤수와 윤수가 데려온 창녀의 망측한 자세를 춘화로 그려내면서 악착같이 살고자 하는 의욕을 보인다. 수영은 몸이 나빠진다는 이유로 여자와도 가까이 하지 않으며 삶에 대한 집착을 보여준다. 이러한 태도는 정우가 삶에 대한 고뇌와 갈등을 보여주는 태도와는 대립되는 의미로, 삶에 대한 어떤 가치를 지향하기 보다는 무조건적인 집착을 보여줄 따름이다. 이러한 삶에 대한 집착은 여동생 진영이 자신의 그림을 사간 깡패들에게 납치되어 '네 오빠가 그림 장수지' 하며 윤간을 당한 사실을 알고서도 오히려 동생에게 할말도 없고 해서 '그래 남자 맛이 어떻든?'하고 묻다가 어머니에게 방망이로 죽어라 얻어맞을 정도로 파렴치한 모습을 드러낸다. 수영은 결국 자신 때문에 당한 동생 일에도 분노하지 않고 그대로 방치하면서 위험에 처할 일을 꾀하지 않는다. 이로써 수영은 마지막까지 남아서 이 수기를 독자에게 전하며 소설속의 친구들을 비웃을 따름이다. 그러나 수영이 삶에 집착하는 것에는 어떠한 규범이 없는 것도 아니다.

> 다시 한번 말하고 싶지만 중요한 것은 어떻게 해서든지 살아내야 한다는 문제일 것이라고 나는 확신한다. 더구나 그를 자살로 이끈 고뇌라는 게 그처럼 횡설수설하고 유치한 것이라면 아예 세상엔 사람이 하나도 없었으리라. 그는 마지막에 가서 엉뚱하게도 죄와 벌에 관한 얘기를 잠깐 꺼내고 있

지만 죄란 게 있다고 한들 또 어떠한가? 불가피하게 죄를 짓게 되면 짓는 것이다. 그러나 죄의 기준이란 게 없어진 지금, 죄의 기준을 비단 죄뿐만 아니라 모든 것의 기준을 일부러 높여서 생각할 필요는 없다고 나는 생각한다. 그는 분명히 환상적인 기준을 만들어두고 거기에 자기를 맞추려고 애썼던 모양인데 참 바보 같은 놈이었다. 그가 고통하며 지낸 밤이 길었다면 내가 고통하며 지냈던 밤은 더욱 길었으리라. 산다는 것, 우선 살아내야 한다는 것. 과연 그것이 미덕이라고까지는 얘기하지 않겠다. 그러나 그것은 이제야 출발하는 것이다. 죽음, 그 엄청난 허망 속으로 어떻게 하면 자기를 내던질 생각이 조금이라도 난단 말인가!3)

수영은 정우가 현실세계의 환멸을 이겨내지 못하고 고뇌를 하다 자살을 한 것을 조롱한다. 또한 인간으로서 죄를 짓는 것을 당연하다고 생각하며 정우가 환상적인 기준을 만들어 거기에 자기를 맞추려고 애썼던 모양이라며 바보 같은 놈이라고 치부한다. 수영은 산다는 것, 우선 살아내야 한다는 것을 미덕이라고까지는 얘기하지 않더라도 그것은 이제야 출발하는 것이라며 어떻게 엄청난 허망인 죽음으로 자기를 내던질 생각을 하겠냐며, 모든 것이 우선은 살고 봐야 한다며 삶에 대한 집착을 끝까지 버리지 않는다.

수영은 폐병이라는 고통으로 삶과 죽음의 상황을 경험했던 인물로 춘화를 그리면서 완전히 타락한 삶을 살아가기도 했다. 이러한 경험은 삶의 방식에 어떤 의미를 부여해주지는 못하지만, 살아가는 것의 중요성은 일깨워준다고 할 수 있다. 그러나 임수영이라는 인물의 부정성으로 하여, 수영이 지켜내고자 하는 삶에 대한 욕심은 오히려 부정적인 의미를 주며, 살아가는 것에 대한 혐오를 자아낼 따름이다. 따라서 작가는 수영이 보여주는 삶에 대한 집착보다는 자살을 하면서 삶의 환멸을 이겨내지 못한 정우의 삶의 방식을 더욱 긍정적으로 바라보고 있음을 알 수 있다.

---

3) 위의 책, 76~77면.

⑤ 김윤수 : 김윤수는 정우의 고향 친구로 정우가 고향에 내려갔을 때 마중 나올 정도로 친한 친구이다. 김윤수는 몸무게가 병적으로 가벼워서 징병 신체검사에서 무종을 받았고 시를 쓰는 것을 생애의 일로 생각한다. 김윤수는 자학이 심해 스스로를 파멸시키는 생활을 하는 것에 남의 탓을 하거나 자살 문제나 죽음을 입 밖에 내어 말하는 법은 없지만 언제 어떻게 되어버릴지 알 수 없는 복잡한 성격을 가진 인물이다. 정우는 윤수를 '아직도 순박한 고향'이라고 말할 수 있을 정도로 순박한 이미지를 지닌 친구라고 생각한다. 그러나 김윤수 또한 다른 인물들과 마찬가지로 타락 일변도의 생활을 보여줌으로써 화자의 고향에 대한 의미는 다시 한번 무색해진다. 윤수의 생활은 시는 한 줄도 쓰지 못하면서, 진짜 기생들과 놀고 싶어 하는 허황된 생각을 한다. 윤수가 현실에서 하는 일은 진짜 기생 대신 술집 여자들과 놀고 지내는 일이다. 또한 임수영이 춘화를 그리며 그림을 팔고 있을 때 자기와 여자가 모델이 되어줄 터이니 한번 그려보라며 임수영의 타락한 삶보다 자신이 더욱 타락할 수 있다는 것을 객기로 보여주기도 한다. 임수영은 윤수의 이런 태도를 자기를 질투하기 때문이라고 받아들인다. 임수영은 윤수가 자신의 영역인 문학에 관심을 갖는 것에 질투를 느끼고 있다고 생각한다.

김윤수와 임수영은 정우의 친구로 타락일변도의 생활방식을 보여주면서 현실에서 환멸적인 삶을 살아갈 뿐이다. 그러나 타락일변도의 윤수의 삶은 정우와 함께 떠난 여행에서 달라진 다. 윤수는 서커스단원인 미아와 결혼을 결심하면서 삶에 진지해진 태도를 갖게 된다. 그러나 집에 돌아와 임수영의 동생 진영이 깡패들에게 윤간을 당한 사실에 분노해 복수를 하려다가 오히려 죽게 됨으로써 현실에서 진지하게 살아가려는 방식은 또 한번 좌절로 결론지어진다. 임수영은 오빠임에도 진영이 윤간을 당했을 때조차 그러한 사실을 비웃을 뿐 어떤 분노심 조차 보이지 않는다. 그러나 미아를 만나면서 삶을 진지하게 바라보게 된 윤수는 임수영처럼 가만히 보고만 있지 않고 복수를 감행함으로써 죽음을 맞이하게 된다. 타락한 삶의 방식을 일관되게 보여준 임수영과는 다르게 김윤수는 타락한 삶에서 진지한 의미를 모색하는 진실한 인물로 변모한다. 화자에게 김윤수의 죽음은 현실 속에서 의미를 찾고 진지하게 살아가려는 사람들의 결과로 비쳐지게 된다. 따라서 김윤수의 죽음은 곧 화자가 모색하고 진입하려던 현실 속에서의 삶이 어떠한 결과로 이어질 것인지에 대한 모습을 반증함으로써 화자는 더 현실의 삶의 의미를 모색하는 것을 포기하고 자살을 택하게 된다. 김윤수의 죽음은 서커스 훈련반장 이씨가 현실 속에서의 삶을 포기하고 죽음을 선택한 것처럼, 김윤수가 의지적으로 현실의 삶을 선택한다 할지라도 그것이 죽음이라는 방식으로 결론지어짐으로써 정우가 현실에서 느끼는 환멸은 극복되지 못하고 더 깊어지게 된 것이다.

⑥ 김형기 : 김형기는 장님이 되어버린 정우의 고향친구이다. 고등학교 때부터 정우를 잘 따랐는데, 얼굴이 계집애처럼 예쁘장하고 키가 작아서 정우의 '각시'로 통해 있었다. 그러나 지난해 겨울 큰 화재가 나면서 형기의 집이 불타 식구들은 모두 죽고 형기만 빠져나왔으나 장님이 되었다. 형기는 친척집에 얹혀살면서 안마술을 배워 지내는데, 정우가 찾아가자 죽어버리고 싶다면서 바다로 데려가 달라고 조르기도 한다. 형기는 정우의 얘기에 기울이고 정우의 도움으로 죽든지 살든지 작정하고 있는 것처럼 행동한다. 형기는 정우가 자신을 사랑하고 있다는 것을 안다. 정우는 형기를 사랑하고 학대할 수 있는 사람이 세상에 자기뿐이라고 생각한다. 따라서 정우는 자신이 형기의 곁에 있다는 사실만으로도 하향에 부여된 하나의 의미로 생각한다. 그러나 형기는 윤수가 데리고 간 술집에서 잡기 놀이를 하며 즐거워하고, 거기에서 알게 된 '인자'를 착한 여자냐며 물어보고 육체관계까지 가지면서 정우의 생

각과는 또 다른 모습을 보여준다. 정우가 생각하기에 형기는 착하고 순진한 아이라고만 생각하는데 그 또한 정우의 생각과는 다른 이율배반적인 모습을 보여주면서 정우는 형기에 대해 더 이상 터치를 하지 않게 된다. 정우는 윤수가 죽은 후 형기를 바다에 데려다주는데, 형기는 마침내 바다에서 미쳐서 쉴 새 없이 무어라고 중얼댄다. 정우 또한 형기의 중얼거리는 소리를 들으며 비명을 지른다. 정우는 비명을 지르며 다시는 그 벌판을 건너가지 못할 것 같다고 생각한다. 정우는 자신의 순수한 마음을 의미하는 형기 또한 미쳐가는 모습에서 삶의 의미를 완전히 상실한다. 정우와 정우 친구들에게 다가오는 현실은 환멸과 광기, 죽음의식이외에는 어떠한 의미도 발견되지 않는다. 따라서 정우는 사는 것 자체에 어떤 의미를 부여하지 못하고 죽음을 선택하게 된 것이다.

2) 인물 제시방법

소설에서 인물 제시 방법은 인물의 성격과 심리가 어떻게 드러나는가의 문제이다. 따라서 인물 제시방법은 직접적으로 진술할 수도 있고, 인물의 대화와 행동을 통해 간접적으로 나타날 수도 있다. 또한 인물의 마음속에 일어나고 있는 것은 의식의 흐름의 기법으로 나타낼 수도 있다. 소설에서 인물의 제시는 서사와 묘사의 서술 방식으로 이루어지게 된다.

서사는 시간의 경과에 따라 펼쳐지는 행동이나 사건을 글로 표현하는 전개 방식이다. 모든 사건이나 행동은 발달, 전개, 결말 등의 진행 과정을 갖추고 있기 때문에 일정한 이야기 형태를 취하게 된다. 그러나 서사는 정적인 대상이 아니라 동적인 대상을 주로 다루기 때문에 대상이 변화되는 또는 변화해

가는 행동의 과정을 중시한다. 따라서 서사에서는 무엇보다 행위의 주체와 대상, 동기와 목적, 행위가 이루어진 시간과 장소가 잘 드러나야 하고, 이러한 행위들에는 인과관계가 성립되면서 내적인 필연성을 지녀야 한다.

서사는 설명적 서사와 심미적 서사가 있는데, 설명적 서사는 정보 제공을 목적으로 행동의 과정을 설명하는 것이고, 심미적 서사는 정서적 생활추구와 예술적 만족을 목적으로 행동의 과정 그 자체를 장면으로 보여줌으로써 묘사와 유사한 면을 갖는다. 심미적 서사는 인물의 행동과 사건이 일어나는 정황을 있는 그대로 보여주는 방식이다.

묘사는 사물의 있는 모습을 그대로 그려 보여주는 것으로 무엇보다 대상으로부터 받은 인상을 구체적으로 재현하는 것을 목적으로 한다. 따라서 무엇보다 상상력을 증대시키고 실감나는 문학적 묘사를 하려면 대상의 본질을 꿰뚫지 않으면 안 된다. 묘사에서는 고도의 세밀한 관찰과 특징적인 언어의 선택이 중요한다.

인물에 대한 서술방식의 검토는 작가가 사용하는 서사와 묘사방식 등 소설기법을 이해함으로써 소설의 전체적인 서사가 어떠한 방식으로 이루어지고 있는지를 자세히 관찰하는 의미가 갖는다.

① 수기의 화자, 정우 : 수기 <幼想手帖>을 쓴 화자는 정우이다. 그러나 이 수기를 소개한 인물은 임수영으로, 임수영은 소설의 서두에서 정우를 직접적으로 진술하면서 소개한다. 임수영은 서두에서 정우의 외형적인 모습은 서술하지 않고 정우의 신분과 내면적인 정황을 소개하는 데 치중한다. 또한 정우를 소개하면서 정우가 생각하는 부정적인 자신의 모습도 소개한다. 그러나 임수영은 그러한 것에 개의치 않는 모습을 보이는데 그것은 정우는 죽었고, 자신은 살고 있다는 사실에 근원한다. 소설의 서두는 전체 소설의 내용에

핵심적인 주제가 담겨있는 부분으로, 정우에 대한 소개는 곧 정우의 삶의 양식과 임수영의 삶의 양식이 다르다는 것과, 그것이 삶과 죽음의 문제로 이어지지만, 임수영의 경우 삶과 죽음의 의미는 삶의 방식에 있는 것이 아니라 결론적인 양상을 의미한다는 것을 나타낸다. 임수영은 곧 살아가는 것만이 중요한 의미를 지니고 있는 부정적인 사고방식을 보여주며, 삶의 방식과 과정에 어떠한 의미를 두거나 기준을 갖고 있지 않다는 것을 알 수 있다.

> 이것은 나와 퍽 가까이 지내던 한 친우의 소설 형식으로 된 수기(手記)다. 하지만 소설이라 하기에는 너무 엉성한 데가 있고 그저 수기라고 해두자. 그는 문과대학생이었다. 아마 대단한 열등생이었던 모양이다. 우수한 대학생이라면 이처럼 비논리적인 수기는 부끄러워서도 차마 못 썼을 테니까. 이 수기 속에서는 나에 대한 얘기도 잠깐 나오지만 그리고 나를 퍽 증오하고 있는 태도로 쓰고 있지만 뭐 누가 옳았고 누가 글렀다고 얘기할 수는 없으리라. 그게 문제는 안 될 것이다. 중요한 것은 난 살아서 이 세상에 있고 그는 죽어서 이 세상에 없다는 게 아닐까?[4]

소설의 서두에 정우의 모습이 서술된 것처럼 <幼想手帖>에는 정우의 외형적인 모습이 하나도 나오지 않는다. 이는 <幼想手帖>이 현실의 환멸에 고뇌하고 방황하는 한 청년의 모습을 그린 것이기 때문에 정우의 내면세계를 집중해서 서술해야 하는 필연성을 갖고 있기 때문이다. 따라서 소설 전체에서 정우의 심리는 무엇보다 중요한데, 정우의 심리는 자신의 마음속에서 일어나고 있는 변화를 직접적으로 서술하는 방식으로 그 심리변화를 조금씩 보여준다.

㉠ 서술의 방식으로 인물의 내면정황 제시

---

4) 위의 책, 7면.

<예시문 1>
그해 가을도 깊었을 때, 나는 마침내 하향(下鄕)해버리기로 결심했다. 더 견디어내기 어려운 서울이었다. 남쪽으로, 고향이 있는 남해안으로 가면 새로운 생존방법이 있을지도 모른다는 기대로써였다.

서울에서 나는 너무나 욕된 생활 속을 좌충우돌하고 있었다. 그리고 슬프게 미쳐버렸다고나 할까. 환상과 현실과의 거리조차 잊어버려서 아무것도 구별해낼 수가 없게 되었고 사람을 미워하는 법을 배우고 말았다. 아아, 그들을 죽이든지 그렇지 않으면 내가 떠나든지 해야겠다. <8면>

위의 <예시문 1>은 화자인 정우가 고향에 내려가게 된 이유를 서술하고 있다. 고향에 내려가게 된 이유를 설명의 방식으로 서술하지만, 위의 설명 속에는 서울의 욕된 생활에 대한 증오와 새로운 생존방법에 대한 탐색이 대조적인 방식으로 서술되면서 고향에서의 새로운 생활에 대한 기대감을 불러일으킨다.

<예시문 2>
그리고 진(眞)과 위(僞)의 차이를 구별해낼 수 없었던 서울에서의 나로 되돌아가는 자신을 발견하는 것이었다. 실상 고향에서도 나는 아무 결론을 얻지 못하였다. 생활을 빼어버린 나의 하루하루는 그렇다고 내세울 만큼 착한 것도 아니었다. 생활한다는 것, 좋든 나쁘든 생활한다는 것이 최고의 표현을 가진 예술이라면 내게는 어처구니없지만 예술조차도 사라져 버린 것이었다. 세상의 위인이란 사람들이 입버릇처럼 얘기하는 '항상 새로 출발하라'의 지점으로 돌아와 있는 것이라고 생각하면 간단하겠지만 그렇게 생각하기에는 짊어져야 할 것이 너무 많은 듯했다. <47면>

위의 <예시문 2>는 고향에서의 생활 또한 서울에서의 나로 되돌아왔음을 서술한 내용이다. 위의 단락에서는 생활의 의미와 생활을 빼어버린 나의 생활을 비교한다. 정우는 세상의 위인들이 살아가는 방식인 항상 새로 출발하라는 것이 자신이 짊어지기엔 감당하기 어려운 것으로 보인다면서 한계의식을 갖는다. 위의 단락은 설명의 방식으로 서술되었지만 현실의 의식과 화자의 내면의식을 대조함으로써 지루한 서술이 되지 않으면서 화자의 생각과 내면의 정황을 분명하게 보여준다.

<예시문 3>
윤수의 죽음은 아무리 생각해도 어설픈 미덕이었다. 아무런 보상 없는 세상에서 윤수의 죽음은 아무리 생각해도 무의미한 것이었다. 윤수가 그것을 몰랐을 리 없는데. 아아 미친놈이었다. 윤수의 장례식을 치르고 난 뒤, 심신이 한꺼번에 약해져서 이불을 둘러쓰고 끄응끄응 앓았다. 불면증에 걸려서 어지럽기만 했다. 모든 것을 지배하는 것이 무엇인 줄 알아채고 요리조리 미끄러 빠지며 처신해가는 수영에 대한 증오가 나의 혼미한 정신 속에서도 부글부글 끓었다. 신(神)이 있어 윤수를 죽인 자를 가리키라고 했다면 나는 수영이를 지적하고 싶을 정도였다. 울분의 시간과 울분의 공간. 깨끗이 속아 넘어간 윤수. 바보. <74면>

위의 <예시문 3>은 윤수가 진영을 윤간한 깡패들에게 복수를 하려다가 죽은 사실에 충격을 받은 사실을 서술한 것이다. 혼미한 정신속에서 정우는 자신의 동생일임에도 요리조리 미끄러져 처신해가는 수영에 대한 증오심을 보임으로써 극적으로 윤수와 같이 진지한 삶의 방식의 편에 서는 모습을 보여준다. 화자는 구체적인 행동의 방식으로 자신의 심리를 표출하지 않고 서술의 방식으로 자신의 심리적 변화를 그려낸다.

ⓒ 서사의 방식으로 인물의 심리 제시
<예시문 1>
며칠 동안 풀이 죽어 있는 나에게
"왜 그래?"하고 영빈이 물었는데, 남의 기분까지 살펴 물어주는 게 고마

워서 "선애가 자칫하면 아마 임신이가본데······"하고 실토를 했더니

"아직 확실히는 모른단 말이지?"

하고 물어서, 그렇다고 하니까, 설령 임신이라 하더라도 이제 얼마 안 되었으면 방법이 있다고 하면서 나를 약방으로 끌고 가더니 키니네를 한 움큼 사주며, 가지고 가서 적당히 태아(胎兒)가 떨어질 정도로만 먹여보라는 것이었다. 어떻게 해야 좋을지 갈팡질팡하고만 있던 나는 키니네 용법이 얼마나 위험하다는 것을 뻔히 알면서도 한 움큼이나 되는 키니네를 무모하게도 선애 앞까지 가지고 갔었다. 그러나 결국 호주머니에서 그 약봉지를 꺼내지 못하고 나는 말 한 마디 못 한 채 선애의 한 손만 쥐고 어린애처럼 훌쩍거리며 울어버렸다. <12면>

위의 <예시문 1>은 정우가 선애가 임신한 것으로 알고 걱정할 때 영빈이 약을 먹여보라고 권하는 내용이다. 위의 단락은 대화와 서사의 방식으로 기술되었다. 대화는 임신인 사실을 알려주며, 서사는 설명적 서사로 영빈이 약을 사준 장면과 정우가 약을 선애 앞에 가지고 간 것, 약을 주지 못하고 선애의 한 손만 쥐고 울었던 장면에 대한 정보를 제공해준다. 설명적 서사는 서사의 진행을 빠르게 요약한다. 그러나 설명적 서사의 문장에도 '어떻게 해야 좋을지 갈팡질팡하고만 있던 나', '무모하게도 선애 앞까지 가지고 갔었다', '나는 말 한 마디 못 한 채 선애의 한 손만 쥐고 어린애처럼 훌쩍거리며 울어버렸다'라는 표현처럼 문장 속에 화자의 내면적인 심리를 드러냄으로서 정서적, 미적 감각을 잃지 않는다.

<예시문 2>

그때 나의 뼈를 끌어내는 듯한 파도 소리에 섞여서 나는 형기가 마침내 미쳐서 쉴새없이 무어라고 중얼대는 소리를 들었다. 나는 형기와 잡고 있던 손을 놓아버렸다. 그는 그 자리에 웅크리고 앉으며 무슨 소리인지 알아듣기 힘든 말을 계속해서 웅얼거렸다. 나는 비명을 지르며 우리가 건너온 염전 벌판을 바라보았다. 아슴한 눈발 속에서 염전 벌판은 한없이 넓어져

가고 있는 듯했고 나는 아무래도 그 벌판을 건너가지 못하고 말 것 같았다.
<76면>

위의 <예시문 2>는 화자가 형기를 데리고 바다에 간 장면을 서술한 것이다. 위의 단락은 행동의 과정 자체를 장면으로 보여주는 심미적 서사의 방식으로 서술됨으로써 생생한 느낌을 보여준다. 위의 심미적 서사의 방식은 형기가 미쳐 중얼대는 소리를 듣는 것에서 형기의 손을 놓은 것, 형기가 그 자리에 앉아 계속 웅얼거리는 것, 내가 비명을 지르며 벌판을 바라보는 것 등의 서사가 진행되고, 이후 아무래도 그 벌판을 건너가지 못할 것 같은 절망적인 의식을 담아낸다. 위의 문장은 행동을 있는 그대로 보여주면서 동시에 이러한 움직임 속에 그 의미를 모두 담보하고 있다. 형기가 미친 것, 미친 형기를 놓아버리는 나, 현실의 절망을 견디지 못하며 비명을 지르는 나, 등 각 서사적 문장 속에는 행동만 보여주는 것이 아니라 그 상징적인 의미를 가짐으로써 단순한 서사 이상의 의미를 갖는다.

주인공에 대한 인물제시는 '의식의 흐름' 방식으로 내면의 정황을 설명하는 방식이 주를 이루고, 설명적 서사와 심미적 서사의 방식을 함께 핵심적으로 사용하면서 그 심리적 정황과 상징적인 의미를 생생하게 전달한다.

② 오영빈 : 오영빈은 정우의 학교 친구로 엽기적이고 엉뚱한 성격을 지니고 있다. 오영빈은 정우의 보조인물로 영빈에 대한 인물제시방법은 심리적인 면보다는 엽기적이고 엉뚱한 성격을 부각시켜 소설 읽기의 즐거움을 주고, 정우의 심리를 드러내는 역할을 하는 것에 초점이 맞추어져 있다.

<예시문 1>
며칠 전, 강의가 끝나서 한산한 캠퍼스의 잔디밭에 앉아, 누렇게 말라가

고 있는 잔디를 쓰다듬으며 내가, 다 그만두고 시골에나 가서 박혀 있겠다는 뜻의 얘기를 했더니, 영빈은 도대체 내 말에서 무슨 냄새를 맡았다는 것인지 뛸 듯이 좋아하며 "너 죽으려는 거지? 응? 너 자살하러 가는 거구나."

하며 내가 무어라고 부정도 하기 전에"네가 그렇다니 이건 아까운 정보지만 제공하지."하며 어처구니없게도 노트를 꺼내어 뒤표지에 약도를 그리기 시작하는 것이었다. - 언젠가 그곳에 여행을 갔다가 자기가 발견한 장소인데, 몇 번이고 망설였지만 결국 못 뛰어내고 말았는데, 나한테라면 그곳을 양도할 테니 꼭 그곳으로 가서 죽으라는 설명이었다.

기가 막혔지만, 나는 그의 어쩌면 성실하다고까지 생각키우는 표정 때문에 할 수 없이 "그렇지만 바다 편이 낫겠어."하고 대답했다. 그러자 그는 노발대발, "바다? 바다에 투신한다는 건 너무나 문학적이다. 죽을 때만이라도 좀 생활인의 흉내를 내봐. 산이 좋아. 바다가 전연 보이지 않는 산이 좋아."하고 우겨댔다. <9면>

위의 <예시문 1>은 오영빈이 정우가 고향에 내려간다고 하자 자살을 하러 가는 거로 믿고 자살할 장소에 대한 정보를 제공해주는 장면이다. 죽으려면 꼭 그곳에 가서 죽으라고 하며 후에 비석까지 세워준다고 약속한다. 영빈의 엽기적인 생각은 대화와 설명의 방식으로 표출된다. 정우와 영빈의 대화는 영빈의 엽기적이고 장난기어린 성격을 보여주면서 웃음을 자아내게 한다. 오영빈과 같은 등장인물은 자칫 진지하고 지루해질 수 있는 소설을 재미있게 만들지만, 정우에게 자신이 아는 여자와 선애를 바꾸어 잠을 자자고 하고 실제로 선애와 잠을 잔 것을 자랑하는 모습에서 혐오감을 주는 인물로 바뀐다. 소설의 전체적인 분위기가 현실생활의 환멸을 어떻게 바라보는가에 초점이 맞추어져 있으므로 지속적으로 재미있는 이미지만을 보여주는 것은 그 의미를 감소시킬 수 있다. 따라서 오영빈의 엽기적인 이미지와 혐오감을 주는 행각에서 독자는 인간의 환멸을 느끼게 되는 것이다.

<예시문 2>

'……아시아짓드, 파스. 모두 고가액의 약품들이다. 홀어머니의 삯바느질 수입으로써는 아무래도 나는 살아날 길이 없을 듯 하다. 여기 보내는 천 환으로 돈어치만큼 춘화(春畵)를 사서 보내주기 바란다. 판로(販路)는 얼마든지 있을 듯하다……'

다음날 그 편지를 영빈에게, 나는 자랑이라도 하는 기분으로 보였더니 영빈은 과연 감탄을 연발하는 것이었다.

"메시아가 탄생했군. 메시아가 탄생했어. 이거 한잔 마셔야겠는데."

둥실둥실 춤이라도 출 듯이 좋아하며 그는 자기의 돈 천환을 더 보태어 어디선지 춘화 팔십 매를 구해다가 내 손에 쥐여주는 것이었다.

"임마, 특별히 도매가격으로 사온 거야. 메시아께 내 얘기도 몇 자 적어 보내."

그는 그렇게 말하기도 하였다. <28~29면>

위의 <예시문 2>는 임수영이 정우에게 돈을 부쳐 춘화를 사서 보내달라는 편지를 보고 보인 영빈의 반응을 서술한 부분이다. 영빈은 수영의 부탁에 수영을 메시아가 탄생했다고 춤 출 듯이 좋아하며 정우 대신 춘화를 사서 보내준다. 이 단락에서도 영빈의 엽기적인 성격은 영빈의 말속에서 감지할 수 있도록 장치되어 있다. 오영빈의 이미지는 혐오감을 주고 환멸을 갖게 하더라도 마지막까지 엽기적인 성격을 고수함으로써 소설을 읽어나가는 데에 당황스러움과 즐거움을 감소시키지 않고 동시에 만족시킨다.

③ 선애 : 선애는 정우가 학교를 다니면서 사귄 여자로서 선애의 죽음은 곧 정우로 하여금 학교를 그만두고 고향에 돌아오는 계기를 준다. 따라서 선애의 존재는 정우가 곧 자신과 서울생활에 환멸을 느끼게끔 하는 역할이라 할 수 있다. 선애와의 관계는 조금 더 생생하게 그려짐으로써 선애에 대한 독자의 상상과 이미지가 강화되는데, 이는 선애가 죽었을 때 정우가 고향에 내려가게 되는

필연적인 이유를 마련해주고 정우가 새로운 삶을 찾기를 바라게 한다.

<예시문 1>
오월 어느 날, 어둠이 내리고 있는 마포(麻浦) 강둑에서였다.
그때 선애는 기분 좋다는 듯이 생글거리며 웃고 있었는데 문득 청승맞구나, 하는 생각이 들어 내가 우는 것을 그치자 그녀는, 좀더 울어, 응? 조금만 더, 하며 어깨를 툭툭 치는 것이었다.
그리고 얼마 후, 바로 그 강둑에서 우리는 입장이 거꾸로 되어 있었다.
"나 어제부터 그거 있어요."
선애는 그렇게 말하며, 쓸쓸한 얼굴이다, 하고 내가 생각도 하기도 전에 금방 그 커다란 눈이 몇 번 껌벅이더니 얼른 돌아앉아 둑의 잔디위에 엎드려 소리를 죽여 울기 시작했다. ─ 임신쯤 아무것도 아니라는 듯이 오히려 명랑한 척해 보이던 표정 뒤에 저렇게 무섭도록 조용한 불안이 숨어 있었던 것이다. <12~13면>

위의 <예시문 1>은 정우가 선애에게 가져온 약봉지를 내놓지 못하고 울고 있을 때 선애가 보여주는 반응이다. 선애는 정우가 울고 있을 때 어깨를 툭툭 치며 좀더 울라고 한다. '좀더 울어, 응? 조금만 더', '나 어제부터 그거 있어요."라며 우는 모습에서 선애 또한 자신의 불안을 숨기고 있었던 것을 드러낸다. 좀더 울라며 장난기까지 보여준 모습은 임신했을지도 모르는 자신의 불안을 숨기고 명랑한 척 가장한 것이고, 임신이 아니라는 것을 알고 나서야 울음을 터뜨리며 불안했던 마음을 드러낸 것이다.

위의 단락은 선애의 이중적인 모습을 대립적인 상황 속에서 서술함으로써 선애의 성격과 심리를 어느 정도 파악하게 한다. 선애의 모습은 대화와 심미적인 서사로 그려지면서 생생함이 더해지고 선애에 대한 이미지를 강하게 인식시킨다.

<예시문 2>
선애에 대한 그러한 경원심(敬遠心)이 비겁하게도 선애를 육체적으로
정복하게 했던 것인지……
그녀가 꾸깃꾸깃해진 스커트를 가다듬고 있을 때, 내가
"순전히 성욕 때문이었어. 미안해."
하고 말하자
"알아요."
하고 그녀는 별로 불쾌하지도 않았다는 듯이 대답했다. 그러나 천만에.
순전히 성욕 때문만도 아니었다는 것을 영리한 그녀지만 모르고 있었다.
그리고 드디어 나의 계획은 성공했다고나 할까? 어둠이 내리는 마포 강둑
에서 그녀는 마침내 엎드려 울었던 것이다.
　─ 그런 일이 있은 뒤로 갑자기 약해져가고 있는 선애 때문에 나는 뜻밖
의 일이나 만난 듯이 당황해졌다.
"사랑을 성욕으로 간주해버리고 경계하는 여자도 밉지만 그러나 성욕을
사랑이라고 믿어버리고 달라붙는 여자도 여간 난처한 게 아니야."
내가 제법 잔인한 웃음까지 띄워가며 이렇게 얘기하면
"알아요."
라고 그녀는 대답하고 나서 한숨을 쉬었다. <16~17면>

위의 <예시문 2>는 정우가 육체적으로 선애를 가진 후 선애와 잠을 잔
것은 순전히 성욕 때문이었다고 거짓고백을 하는 장면이다. 정우는 선애를
순전히 잠자리의 대상으로만 생각하진 않는다. 그러나 정우는 현실속에서
진실한 태도나 가치를 표명하지 않는 인물로 선애에게도 그의 진실을 은폐
하고 상처를 준다. 정우의 태도를 선애는 당연하다는 듯이 받아들이지만 이
러한 정우를 대하면서 그녀의 내면은 조금씩 변해간다. 정우는 선애가 약해
져가고 있는 것에 당황해하며 다시 한번 선애에게 상처를 주며 옛날처럼 강
해지기를 바란다. 이 장면 또한 정우와 선애가 주고받는 대화의 방식으로 이
루어진다.

<예시문 3>

"선애, 옛날로 돌아가줘. 추워서 덜덜 떨며 반장집엘 찾아가던 그때의 용
감한 선애로 돌아가줘. 난 아무 힘도 없는 놈이야. 내가 잘못했어."

하고 주정 비슷하게 아예 자신 없는 권유를 했더니'

"제가 뭐 어쨌어요?"

하며 그녀는 재미있다는 듯이 조용히 웃어 보였지만, 그러나 그녀는 그
날 뼈에 사무친 얘기를 하는 것이었다.

"정우씨는 가령 이럴 수가 있을 것 같아요? 한번 불에 데어서 혼겁이 나
간 적이 있는 어린애가 불은 무서운 게 아니라고 한들 곧이들을까요? 혹은
한번 쾌락을 맛본 자가 쾌락이 무엇인지 모른다고 감히 얘기할 수 있을까
요? 요즘 난 그런 것과 비슷한 경우에 있는 것 같아요. 어쩐지 뻥 뚫린 구멍
을 보아버린 것 같아요. 아무리 발버둥쳐도 별수없이 눈에 보이는 구멍이
지요. 찬바람이 술술 새어 들어오고……"

"그럼 전엔 그런 걸 못 느꼈단 말야?"

"희미하게 느끼긴 했어요. 그렇지만 아득바득 이를 악물고 해나가면 될
수 있을 것 같았어요. 그렇지만 이젠……" <17~18면>

위의 <예시문 3>은 정우에게 상처를 받은 선애가 옛날처럼 이를 악물고
살아갈 수 없음을 고백하는 내용이다. 그것은 정우와의 만남이 계기가 되면
서, '별수 없이 눈에 보이는 구멍, 찬바람이 술술 새어 들어오는 구멍'을 보아
버렸기 때문이다.

선애에 대한 인물제시의 방법은 주로 정우와의 대화를 통해 이루어진다.
정우에게 선애는 서울생활에서의 현재적 인물이고 현실의 의미로 다가오는
존재이기 때문이다. 그러나 선애 마저 정우로 인해 '찬바람이 새어 들어오는
구멍'을 봄으로써 정우의 서울생활의 의미는 곧 선애가 죽음으로써 종지부를
찍게 된다. 선애의 죽음은 곧 정우의 현재적 삶의 의미가 정지되었음을 뜻한
다. 이러한 정지상태를 회복하기 위해 정우는 고향에 내려가지만 선애가 죽
음을 선택했던 것처럼 현실 속에서 어떤 의미를 찾을 수 없게 된다. 따라서 선

애의 성격제시와 성격변모는 정우의 내면심리를 드러내는 계기가 된다고 할 수 있다.

④ 김윤수 : 김윤수는 정우의 고향친구로 외모적 특징과 생활모습이 비교적 구체적으로 제시된다. 고향친구들이 구체적으로 서술되는 것은 정우의 고향에서의 생활 패턴이 어떠한 형식으로 이루어질 것인지에 대한 암시를 나타내 주기 때문이다. 따라서 고향 친구 중에서도 삶의 의식이 변모되어 죽음을 맞이하게 되는 김윤수는 외형적인 모습과 생활모습뿐만 아니라 그의 내면적인 심리도 서술되어지는 필연성을 갖는다.

> <예시문 1>
> 김윤수(金允洙), 몸무게가 병적으로 가벼워서 징병 신체검사에 늘 무종을 받고, 시를 쓰는 친구. 어떤 문예지에 시 추천을 받았는데 그의 시를 추천해준 소위 대가 시인의 추천사가 걸작이었다.
> '김군, 그대는 드디어 생각하는 갈대가 되었도다. 운운.'
> 그것을 보고 하도 우스워서 정색을 해버렸는데 지금도 괜히 갑갑증이 생기면 그 추천사를 펴보고 낄낄거리며 웃다가 갑갑증을 풀어버린다는 편지를 보내온 친구였다. 별로 크지 않은 키에 넓적한 얼굴, 눈가에 주름이 많이 잡히며 왼쪽 턱에 까만 사마귀가 있어서 '섹스어필'하다고 기생들이 많이 따르는, 내게 가장 다정한 친구였다. 영빈에게 비하면 자학이 심하다고나 할까 스스로를 파멸시키는 생활을 하고 있었지만 그러나 영빈보다는 훨씬 고급인 것이, 영빈이라면 '그렇지만 이건 내 탓이 아니야'라고 말할 것도 윤수는 뭐 항의할 수도 없다는 듯이 묵묵한 것이었다. <27~28면>

위의 <예시문1>은 김윤수의 생활모습과 사고방식을 화자가 직접 설명하는 방식으로 서술한 것이. 위 단락에서 김윤수는 자학이 심하고, 기생들이 많이 따르며, 스스로를 파멸시키는 생활을 하고 있다는 것이 정우에 의해 설명되어진다. 그러나 김윤수의 생활모습과 사고방식이 직접적으로 서술되지만 그 설명 속에, 김윤수에 대한 외양묘사와 추천사의 내용, 구체적인 생활의 형식이 들어있으면서 생생한 느낌을 잃지 않는다. 또한 서울에서 파멸적인 행동양식을 보여주던 오영빈과 생활태도를 비교함으로써 김윤수에 대한 성격과 생활모습은 좀 더 구체적으로 부각된다.

<예시문 2>
조용하면서도 꽤 강렬한 아침 햇살에 눈이 부셔 다소 어지러움을 느끼며 내가 플랫폼을 나서자, 윤수가 내 앞을 막아섰다. 얼굴은 온통 주름투성이로 웃고 있었다. 내가 띄운 엽서를 받고 마중을 나왔다고 했다. 그리고 그는 나의 한 손에 든 여행가방을 받아들면서
"잘 왔다. 잘 왔어"
하고 말하는 것이었다. 진심에서인 듯했다.
그는 낡은 흑색 양복을 입고 때 낀 백색 와이셔츠를 안에 입고 있었는데 넥타이는 없었다. 옷차림부터가 어딘지 무너져가는 듯했지만 이 젊은 나이에 노인처럼 주름이 지고 주독이 올라 검붉은 빛깔을 하고 있는 그의 얼굴을 보자 나는 갑자기 허무한 생각이 들었다. <31면>

위의 <예시문 2>는 정우가 고향에 왔을 때 플랫폼으로 마중나온 김윤수의 외형적인 모습을 묘사한 글이다. 김윤수는 젊은 나이에 온통 주름투성이의 얼굴과 낡은 양복차림의 외형을 지님으로써 외형적인 모습 속에서도 현실감각을 가지고 현실에 적응하며 사는 모습보다는 허무함이 느껴지는 생활방식을 지니고 있음을 알 수 있다.

<예시문 3>
"시 많이 썼냐?"고 물었더니
"아아니, 통 못 썼어…… 봄 여름엔 술만 마셨지. 글은 가을이 오면 쓰기로 했는데 가을이 다 가도록 써지지가 않아…… 소설도 한 편 써볼까 하고

있었는데 원고지로 두 장 쓰니까 막혀버려서…… 뭐 그걸로 다 써버린 느
낌이기도 하고……"
　"생각하는 갈대께서?"
　"글쎄, 시를 쓰는 것은 생각하는 갈대쯤이면 되겠지만 소설은……"
　"소설은?"
　"글쎄. 철면피? 돼지? 악마? 하여튼 여간 배짱 가지않고선 그런 능청은
못 부리겠더라."
　"양심? 소설에 양심을 걸고? 아하하하하……" <32면>

　위의 <예시문 3>은 김윤수와 정우의 대화 장면이다. 김윤수와 정우의 대
화는 짧고 경쾌한 문장으로 김윤수의 현재의 심리적인 상태를 잘 나타내준다.
김윤수는 써지지 않는 시와 소설을 쓰려하면서 무언가를 탐색하고 의미를 찾
으려고 노력한다. 이는 김윤수가 방탕한 생활을 하면서도 뭔가에 대한 의미
찾기를 놓지 않고 끊임없이 시도하고 있는 것을 나타낸다.
　따라서 정우는 김윤수에게서 오영빈과는 뭔가 다른 느낌을 갖는다. 그것은
김윤수에게서 어떤 진실한 면을 봤기 때문이다. 이러한 정우의 생각은 김윤
수가 환멸의 생활방식을 청산하고 새로운 삶을 살기로 결정하는 잠재성을 지
니고 있음을 암시한다.

　<예시문 4>
　윤수에게는 대체 어떠한 안타까움이 있는 것일까? 어쩌면 내가 감히 이
해할 수 없는 것인지도 모른다. 그러나 어찌 됐든, 윤수가 영빈과는 다르다
는 나의 생각 ——영빈보다는 윤수 편이 훨씬 진실된 고뇌를 가졌다는 생
각. 그들 둘의 어떤 결과 된 행동이 꼭 같다 하더라도 내부의 충동은 윤수
편이 훨씬 옳았다는 생각. 이러한 나의 생각이 단순히, 윤수는 '고향의 친
구'라는 어휘가 주는 어감의 장난이 아니기를! 그리고 사실, 춘화를 파는
친구 임수영을 '죽여 버리고 싶은 놈'이라고 표현할 수 있었던 윤수는 나의
그러한 기대에 보답될 수 있는 사람이 아닐까? <35면>

정우가 김윤수에 대해 느끼는 것은 오영빈에 대한 것과 사뭇 다르다. 엽기적이고 자학적인 오영빈에게선 자학을 위한 자학이 있을 뿐이지만, 김윤수에게는 그러한 자학 뒤에 뭔가에 대한 탐색과 의미를 찾으려는 의지가 보인다. 따라서 김윤수에 대한 소개는 외형적인 모습뿐만 아니라, 정우의 편에서 윤수를 바라보는 시각이 김윤수의 가치지향적인 이미지를 더욱 강화시켜주는 결정적 역할을 하게 된다. 그러나 막상 고향에서 김윤수의 생활은 술집여자들과 노는 것, 김형기를 술집에 데려와 농락하는 것 등등의 타락한 생활모습만을 보여줄 따름이다. 이것은 김윤수가 삶의 태도를 바꾸기 전의 현재적 삶의 모습을 보여주는 것으로써 이후에 변화될 김윤수의 생활의 모습과 대조됨으로써 그 변화된 의미에 신선함을 갖게 해주는 기능을 한다.

<예시문 5>
배 안에서 어린애처럼 쫄랑거리다가는 금방 얌전한 처녀가 되고하며 행복해서 어쩔 줄을 모르던 미아의 모습을 잊을 수가 없다. 그리고 미아의 등 뒤에 서서, 저 섬의 빛깔 멋있지, 하며 손짓을 하고 서있던 윤수의 사랑스러운 모습도 잊을 수가 없다.
우리가 떠나올 때
"꼭 기다리겠어요. 하루라도 빨리 데려가줘요, 네?"
라고 울 듯한 얼굴로 말하던 미아의 음성도, 그리고 돌아오는 버스에서
"시는 그만두겠어. 이제부터 생활전선이다."
라던 윤수의 화려한 음성도 잊을 수가 없다. <70~71면>

위의 <예시문 5>는 김윤수가 정우와 떠난 여행에서 서커스단 아가씨 미아와 만나 결혼을 하기로 약속한 장면이다. 위의 짧은 단락에서 김윤수가 미아와의 관계에서 밝게 변화되어 있고 행복해하고 있다는 사실이 나타난다. 그러나 미아와 결혼하겠다는 김윤수의 결정은 다소 충동적으로 보이고, 그 계기가 분명하게 나타나 있지는 않다. 하지만 미아와 결혼을 작정함으로 시

를 그만두고 생활전선에 뛰어들겠다고 선언하는 것은 미아에 대한 마음이 진실한 것임을 나타낸다. 늘 술집여자들과 방탕하게 놀며 방황을 거듭하던 김윤수가 미아에게서 마음을 잡게 된 것이다.

김윤수의 변화는 미아와의 관계에서 경쾌하게 드러나지만, 지금까지 보여줬던 김윤수의 삶의 태도가 정말 바뀌었는지에 대한 의구심이 생길 수밖에 없다. 따라서 김윤수가 여행에서 돌아왔을 때 임수영의 동생, 진영이 윤간당한 사실을 들으면서 분노심으로 복수를 시도하려다 죽음을 맞이하는 것은 그의 삶의 태도가 진지하게 바뀌었음을 증거한다.

⑤ 임수영 : 임수영은 수기 <幼想手帖>을 소개한 수기속의 인물이다. 임수영은 이 수기의 내용들이 너무나 유치해 관심에 두고 싶지 않다는 것을 명백히 하면서 이글을 소개한다. 그것은 임수영이 수기속의 인물들에 대해 어느 정도의 거리감을 갖고 바라보고 있다는 것을 나타낸다. 임수영은 수기를 쓴 서술자 정우의 입장과 차이를 보인다. 따라서 정우에 대한 심리변화는 역으로 임수영의 심리를 드러내는 역할을 한다.

수기 속에서 임수영에 대한 소개는 서술자, 정우에 의해서 설명적 방식으로 제시된다.

<예시문 1>
임수영(任壽永), 한마디로 무시무시한 친구. 시골 고등학교를 나와 함께 졸업하고 법대에 진학했는데, 재작년 그러니까 이학년 때, 바람 한점 없이 뜨거운 어느 여름날 오후, 대학가의 플라타너스에 기대어 피를 토하고 나서 대학병원의 폐침윤(肺浸潤) 2기의 진단을 받고 힘없이 고향으로 내려가 있는 친구였다. 홀어머니와 간신히 고등학교를 마친 누이동생과의 간단한 식구였지만 무척 가난하였다. <28면>

<예시문 2>

　그러나 정작 병자인 수영은 그의 해골처럼 바싹 마른 용모에도 불구하고 의외로 명랑한 편이었다. 수영이 거처하는 방은 대낮에도 촛불이나 켜야 책을 읽을 수 있을 만큼 어두컴컴하고 사방이 책으로 싸여서인지 먼지가 많았다. 책상위에는 진한 녹색의 사보뎅이 한 포기 화분에 심겨 놓여 있었다.

　－"파봐. 거기 화분의 흙을 헤쳐봐."

　나는 지시하는 대로 손가락으로 흙을 헤쳐 보았다. 몇 개의 환약이 썩은 색을 하고 손가락에 잡혔다. 그 밑에도 몇 개 있을 듯했으나 파헤치는 걸 그치고 나는 드러난 약을 한 개 집어 들어서 냄새를 맡았다.

　－"새코날이야."

　하고 말했다.

　"새코날이 사보뎅을 키운다. 좋지 않아?" <40~41면>

　<예시문 1>, <예시문 2>는 정우가 임수영의 외모와 생활의 모습을 구체적으로 서술한 장면이다. 정우에게 임수영은 무시무시한 친구로 인상지어진다. 임수영에 대한 인물제시는 외모적인 것 외에도 병을 진단받은 과정과 거처하고 있는 어두운 방을 소개하면서 인물의 내면적인 정황을 함께 묘사한다. 수영은 해골처럼 바싹 마른 외모를 가졌지만 어떤 상황에서도 심각하거나 침체된 모습을 보이지 않는다. 이것은 임수영이 폐침윤을 앓게 되면서 삶과 죽음의 경계를 드나든 고통을 경험했기 때문이기도 하겠지만 이러한 사정은 소설에 나타나지 않는다. 다만 임수영의 말과 행동 속에 침체된 모습은 보이지 않지만, 그것은 부정정적 경쾌함으로 모색된다. 임수영의 말과 행동 속엔 어떤 진지함을 찾아볼 수 없고, 삶에 대한 집착과 의지만 보이기 때문이다. 그것은 임수영의 삶이 다른 사람들처럼 건강해질 수 없기 때문에 더욱 그러하다. 이는 환약으로 사보뎅이라는 화초를 키워내는 것에서, 임수영의 삶의 기틀이 곧 환약에 의지되는 삶의 형태를 지니고 있음을 나타낸다.

<예시문 3>

"서울에서 네가 보내준 것을 팔고 있을 때 어떻게 알았는지 윤수가 찾아와서 자기가 모델이 되어줄 테니 여기서 만들어 팔라고 권하였지. 짜아식의 그때 표정은 영 잊을 수가 없어. 아주 징그럽게 웃으면서 뭐랄까 나를 물어뜯을 듯했으니까. 나도 이를 갈면서 '오케이'했지. 하지만 내가 늘 선수지. 난 여자와 결코 가까이 하지 않거든. 몸이 나빠지니까 말야. 아마 짜식은 내가 죽기를 바랄지도 모르지. 그렇지만 내가 죽어?"

그는 억지로 짜내는 웃음을 쿡쿡 웃었다.

− 세상에는 무수한 위기가 있다고 하지만 그야말로 수영의 웃음은 중대한 위기였다. 그러나 나는 솔직히 고백하거니와, 수영이가 내 지난날의 생활에 대한 내 자신의 죄책감을, 마치 안개처럼 흐릿하나마 분명히 존재하고 있던 회오를 점점 불려 보내고 있는 듯이 느끼고 있었다. 그리고 그것은 대단히 미묘한 평안이었다. 그렇다고 수영에 대한 증오가 사라졌다는 말은 아니다. 오직 그 증오란 게 내가 생각해도 내세울 만한 것이 못 된다는 얘기일 뿐이다. <45면>

위의 <예문 3>처럼 소설 전반에서 임수영에 대한 내면적인 정황은 구체적으로 나타나 있지 않다. 그것은 화자가 일인칭 주인공이기 때문에 임수영에 대한 내면적 심리를 그려내는데 한계가 있기 때문이다. 따라서 임수영에 대한 내면은 정우와의 대화와 정우가 수영에게서 느끼는 감정에 근거해서 해석되어질 수 있다. 임수영은 정우에게 윤수가 춘화의 모델이 되어주겠다고 했을 때의 정황을 얘기해주면서 윤수는 자기가 여자와 가까이 해서 죽기를 바란다고 한다. 그러나 임수영이 윤수의 꾀에 넘어가지 않는데, 그것은 임수영의 관심이 어떻게든 사는 것에 있기 때문이다.

임수영의 생활은 정우로 하여금 무시무시한 친구로 인상지어진다. 임수영은 폐침윤의 진단을 받고 고향에 내려오자 춘화를 그리며 약값을 버는 엽기적인 생활을 한다. 임수영이 춘화를 그리는 것은 생존에 대한 욕구를 넘어서 있다. 그것은 김윤수와 김윤수가 데려온 여자가 모델이 된 춘화를 그릴 때 미친 듯이 괴성을 지르며 그림을 그리는 것이나, 동생 진영이 윤간을 당하고 돌아왔을 때 할말이 없어 '그래 남자 맛이 어떻든?' 하고 물어볼 정도로 현실생활에 거리를 갖고 그만큼 가치를 상실한 모습을 보여주기 때문이다. 따라서 정우는 임수영을 보면서 오히려 자신의 죄책감과 회오를 불려 보내고 미묘한 평안을 느낄 정도로 임수영을 증오하는 것이다. 임수영의 말과 생각은 오로지 사는 것에만 집중이 되어 있다. 따라서 임수영은 윤수가 자신이 죽기를 바라는 것이나, 진영이 울먹거리며 정우에게 오빠가 죽어줬으면 좋겠다고 울부짖어도 넋두리로 생각하며 살기에 대한 집착을 버리지 않는다. 임수영의 삶에 대한 집착은 결국 김윤수가 죽고 정우가 자살한 후에도 이들의 삶의 태도를 비웃을 뿐 변모하지 않는다.

임수영은 소설 전체에서 살아남는 것에 집착하는 일관된 모습을 보여준다. 이는 정우가 현실의 삶에 환멸을 느끼고 더 이상 사는 것에 의미를 찾지 못해 자살을 선택한 것과는 크게 대조되는 삶의 형태이다. 그것은 보는 각도에 따라 임수영이 삶의 바닥까지 가보았기 때문에 삶의 소중함을 깨달았기 때문일 수도 있다. 그러나 삶에 집착 속에 어떠한 진지함도 가치도 부여될 수 없다면 그것은 더 이상 가치있는 삶의 모습일 수가 없다. 따라서 임수영의 삶에 대한 집착은 현실의 부정적인 요소를 더욱 강화시키고 현실의 환멸의식을 더욱 깊게 심어줄 뿐이다.

⑤ 김형기 : 김형기는 정우의 고등학교 때 친구로 남자지만 조금 다르게 사랑하는 친구이다. 김형기는 불이나면서 장님이 되는데, 정우가 고향에 내려가는 것의 의미는 형기의 옆에 있어준다는 의미도 있다.

형기에 대한 소개는 다른 친구들과 마찬가지로 정우에 의해서 성격과 외형이 서술되는 형식을 따른다. 주인공 정우가 수기의 화자이기 때문에 등장인물들에 대한 소개는 정우에 의해 직접적으로 서술되는 것과 장면에서 소개되는 방식을 취하게 된다.

<예시문 1>
　그 외에 김형기(金亨基)라는 친구가 생각났다. 다소 어리석은 듯하지만, 그런만큼 정직하고 욕심낼 줄 모르는 친구였는데 고등학교 다닐 때 나를 퍽 따랐었다. 계집애처럼 예쁘장하고 키가 작아서 학교 친구들 사이에서는 형기가 나의 '각시'로 통해 있었다. 야 네 각시 저기 온다고 놀리곤 했는데, 악의는 없는 듯했으므로 나와 형기는 웃으며 받아넘길 수 있었다. 그러나 언젠가 한 번은 담임선생님께서 우리들을 교무실로 불러놓고, 농담 반 진담 반으로, 너희들 심각한 사이는 아니겠지? 하고 물어보는 바람에 어색하고 창피하고 그렇다고 우물쭈물할 수도 없어서, 아뇨 굉장히 심각한 사이입니다, 라고 내가 농담으로 대답했지만, 그때 흘깃 곁눈질해 보니 형기는 정말 계집애처럼 새빨간 얼굴을 푹 숙이고 어쩔 줄 모르고 있었다.
<29~30면>

　위의 <예시문 1>은 정우는 김형기의 성격과 외모를 설명적으로 서술하면서, 자신과의 특이한 관계에 초점을 맞추어 설명한다. 정우와 형기의 관계는 담임선생님이 둘의 사이를 이상하게 바라보며 물었던 일화까지 나타나면서 고향에 돌아와서 만나게 될 형기와의 관계도 이러한 틀 안에서 이루어질 것임을 암시한다. 김형기에 대한 소개는 정우에 의해 직접적인 소개의 방식으로 이루어진다. 또한 앞으로 만나게 될 형기의 내면 심리는 보여주기 방식으로 이루어지나, 그 내면적 정황은 화자에 의해 추측되는 형식을 띠게 된다.

<예시문 2>
　화상 때문에 얼굴 근육들은 비틀어져버렸고 동글동글하고 자그마한 얼굴에 커다란 흑색 안경을 쓴 그는 아무래도 웃음이 나는 만화의 주인공 같았다. 더구나 그가 들어 있는 방이란 그의 숙부댁의 한 작은 골방인데 한쪽

구석을 쌀가마니 두 개가 차지하고 있고 천장은 낮고, 얼마나 오래 되었던 지 회색으로 썩어가는 돗자리를 깐 방바닥에 홑이불처럼 얇은 이불을 이 건 언제 펴두고 한번도 개지 않았는지 걸레처럼 쭈글쭈글 깔아놓고 그 위 에 형기는 서투르게 만들어진 부처님처럼 앉아 있었다.

　나는 무슨 말을 해서 그의 불행을 위로해야 좋을지 몰라서 잠자코 그의 한 손만 쥐고 그걸 만지작거리며 앉아 있었다.

　－ "죽어버리고 싶냐?"

　고 묻자 그는 고개를 끄덕였다.

　－ 형기는 자기의 괴로움을 안으로만 간직하며 이때까지 나를 기다리고 있었던 게 아닐까고 나는 생각하고 있었다. 그는 나와 대면하고 나의 얘기 에 귀를 기울이고 그리고 나의 도움으로 죽든지 그렇지 않으면 살든지 하 겠다고 작정하고 있었던 게 아닐까. 어쨌든 내가 그를 사랑하고 있었던 것 을 그는 알고 있었던 것이니까. <36~37면>

　위의 <예시문 2>에서 형기의 모습은 불에 화상을 입은 모습 그대로 묘사 되었다. 또한 그가 들어 있는 골방의 모습을 있는 그대로 묘사함으로써 형기 의 현재의 절망적 모습이 강하게 부각된다. 정우는 형기와의 짧은 대화 속에 서 형기의 괴로움을 느끼고 형기가 지니고 있을 자신에 대한 의미를 다시 한 번 생각한다. 위의 단락은 형기가 화상을 입어 옛날과 다른 외모를 지니고 있 음이 부각되면서 그 모습을 있는 그대로 묘사함으로써 현재의 삶의 형태가 이와 같음을 상징적으로 보여준 것이다. 위의 단락은 형기의 외형묘사와 그 를 바라보는 화자의 마음, 대화, 형기의 심리 추측의 방식으로 이루어지면서 형기에 대한 외형적 모습과 절망적인 내면적 심리를 제시해주고 있다.

　<예문 3>

　"정우야, 날 바다로 데려가줘."

　하고 형기가 말했다. 애교라도 좋고 제스처라도 좋고 그리고 진심이었대 도 좋다. 나는 순진하여 그 말을 받아들여도 책임이 있을 수 없는 어린애로

다. 무구한 어린애로다.

　나는 형기의 손을 잡고, 눈을 온몸에 뒤집어쓰고 삼십 리 길을 비틀거리며 걸었다. 넓은 벌판 같은 염전을 가로질러 인가가 없는 바닷가로 갔다. 염전을 가로질러 갈 때 그는

　"여기가 어디쯤이야?"

　하고 물었다.

　"순천만(順天灣)의 염전이다."

　하고 내가 떨리는 목소리로 대답하자 그는

　"으응, 그런 것 같았어."

　하며 의미 없는 말을 했다. 그러나 그의 목소리가 너무나 가라앉아 있었기 때문에 나는 그가 벌써 시체가 된 것이 아닌가 하는 생각이 들어 공포감이 엄습해왔다.

　― 그때 나의 뼈를 끌어내는 듯한 파도 소리에 섞여서 나는 형기가 마침내 미쳐서 쉴새없이 무어라고 중얼대는 소리를 들었다. 나는 형기와 잡고 있던 손을 놓아버렸다. <75~76면>

　위의 <예시문 3>은 여행에서 돌아온 후 윤수가 깡패들에게 죽임을 당한 후, 형기의 퉁소소리를 듣고 일어난 정우가 형기의 요구에 따라 바다에 나온 장면이다. 위의 장면은 바다로 걸어오는 장면, 형기와 정우와의 대화, 형기를 바라보는 정우의 심리, 미쳐가는 정우에 대한 묘사 등의 방식으로 서술되면서 다양한 서술방식으로 극적인 장면을 연출한다.

　형기는 정우에게 전에부터 자신을 바다로 데려가 달라고 했다. 위의 단락은 형기와 정우의 대화와 정우의 내면심리가 교차되면서 서술된다. 그러나 정작 바다에 왔을 때 형기는 미쳐서 쉴 새 없이 무어라고 중얼거리는 모습을 보여준다. 정우 또한 이런 형기의 손을 놓아버리면서 그 자신 속에 지니고 있던 순수한 내면의 끈을 놓아버린다. 정우에게 형기는 순수한 가치이고 지켜주고 싶은 대상이다. 그것은 형기가 윤수의 꼬임에 넘어가 술집에 드나들고 거기에서 장님놀이를 하는 것을 보고 정우가 분노를 참지 못하고 형기를 뺨

을 갈기는 모습에서 증명된다. 그러나 형기 또한 바다에서 미쳐버림으로서 정우에게 남아있는 것은 현실세계에서 아무것도 없게 된다. 이로써 정우는 현실세계에서 어떠한 의미와 가치를 발견하지 못하고 자살을 선택하게 되는 것이다.

2. <염소는 힘이 세다>[5] 서사 분석

서사가 지니고 있는 미적 구조와 미적 의미는 서사가 형성되어 가는 과정을 고찰함으로서 밝혀질 수 있다. 소설의 형식은 인물과 사건의 변화와 발전, 해결을 전제로 한 서사 장르이다. 따라서 서사가 탄탄한 작품은 인물과 사건이 플롯의 구조에 서로 상응하여 침투하고 이러한 플롯의 구조에서 미학적 의미가 형성된 작품이라 할 수 있다.

플롯이란 용어는 시학과 비평 문학에서 다양한 의미로 사용된다. 가장 흔하게 사용되는 것은 사건들의 개요, 줄거리 대본, 이야기의 골자의 명료화 등의 뜻으로서 일 것이다. 그러므로 "X의 플롯은 무엇이냐?"라는 질문에 답한다는 것은 주요 사건들을 이야기하는 것이다. 그러나 그 외의 일반적인 용법들은, 확고한 형식/내용 구별에까지 이르는 이야기로부터의 추상의 정도에 있어서 이것과는 다르다. 추상의 중간단계에서는 플롯은 사건들의 배열, 또는 사건들 사이의 관계와 각 사건(또는 요소)과 전체와의 관계로 간주된다. 이 견해에 따르자면 플롯은 서사물의 유형 또는 기하학이 된다. 그러나 좀더 추상적인 단계에서는 플롯이 조직화하는 사건이나 요소에 의해서보다도 조직화 작업을 하는 정신에 의해서 이해될 수 있는 기저 구조를 가리키는 말로서

---

5) 김승옥, <염소는 힘이 세다>, ≪김승옥 소설 전집 1≫, 문학동네, 1995.

플롯이란 용어가 사용된다. 이 견해에 있어서는 플롯은 이차적인 의미에서 서사물의 속성이고, 일차적으로는 정신의 속성이다.

플롯은 통일감을 한정하는 것은 "인과관계의 완결"이다. 그것은 세계의 무한한 우연성으로부터 아로새겨지는 종합적 전일체를 만들어 낸다. 그것은 모두 부분들이 공헌하는 최종 목적이며 작품의 정수(精髓)다.

위에서처럼 공시적이 아니라, 통시적인 면을 중심으로 본다면 플롯이란 서사물의 동적이며 유기적 요소다. 인과관계를 완결하는 과정으로서의 플롯은 무슨 일이 발생하는 처음으로부터 그 일이 개연성을 획득하는 중간을 거쳐 모든 일이 필연적이 되는 끝에까지 이르는 운동의 원천이다. 더욱 확고한 형식/내용의 구별에 접근하게 되면, 서사물은 목적지가 알려지기까지는 움직일 수 없는 큼직한 제재의 덩어리로 간주된다. 그런데 플롯이란 목적지를 아는 것이다. 플롯에서는 사건들이 작품 속에 제시되어 있는 그 엄격한 순서에 따라 배열되고 결합된다.[6]

모든 소설이나 연극의 플롯은 작자의 창안물의 내용을 구성하는 행동(action), 작중인물 및 사상 등의 요소를 작자 자신의 손으로 특수하게 시간적으로 종합한 것이라고 말할 수 있다.

그러므로 플롯이 종합하고 있는 이 세 가지 요소 또는 요인을 모두 공식 속에 집어넣지 않고서는 플롯이 무엇인가를 논할 수 없다. 따라서 이 세 가지 원인 요소 중의 어떤 것이 종합의 원리로 사용되었는가에 따라 플롯의 구조가 달라진다는 이론이 나오게 된다. 그러므로 플롯에는 행동의 플롯과 작중인물의 플롯, 사상의 플롯이 있게 된다.

첫째 경우에 있어서는 주인공의 상황이 그 성격이나 사상에 의하여 한정되

6) 키런 이건, ≪현대소설의 이론≫, 최상규 옮김, 예림기획, 1997, 284~285면.

고 영향을 받아 완전히 변화된다는 것이 종합의 원리이다.

두 번째 경우에 있어서는 종합의 원리가, 행동에 의해 촉진되고 또 행동을 모형으로 삼으며, 행동과 사상·감정에 다 같이 표명되는 주인공의 인격의 완성되는 변화 과정이 종합의 원칙이다.

세 번째 경우에 있어서는 성격과 행동에 의해 조건 지워지고 방향이 결정되는, 주인공의 사상의 변화 및 거기에서 결과 되는 그의 감정 변화의 전 과정이 종합의 원리이다.

플롯은 특수한 성격이나 사상이나 행동을 특수하게 종합한 것만이 아니라, 어떤 면에 있어서 우리의 견해나 감정에 대해 영향력을 갖는 일련의 연속적인 인간적 활동을 말로써 모방하기 때문에 필연적으로 주어지는 종합을 뜻하는 것이다. 또한 플롯이 펼쳐지면서 갖는 특수한 힘은, 정신적으로 구별된 존재인 작중인물에 대한 우리의 욕구와 우리의 인식 상태 사이에 생겨나는 어떤 시점에서의 상호 관계의 결과다. 즉 이 욕구와 예상 간의 상호 작용을 그 원인이 되는 사건과의 연속적인 관계 속에서 분석해 냈을 때라야 비로소, 우리는 그 플롯을 완전히 예술적인 의미에서 파악했다고 말할 수 있다.

그러나 무엇보다 훌륭한 플롯의 탁월성은 어떤 한정된 방식으로 우리의 감정을 강력하게, 그러면서도 즐거움을 느낄 수 있게 움직여 놓기 위하여, 말의 연속으로부터 추측해 낼 수 있는 성격과 행동과 사고의 특수한 종합을 할 수 있는 힘이 있느냐 없느냐 하는데 달려 있다.[7]

플롯은 작가를 중심으로 사건을 해석한 결과이다. 사건은 자연발생적인 이야기라면 플롯은 의도적으로 전하기 위해서 작가가 만든 사건이다. 따라서 사건을 해석하는 데 있어서 그 사건을 만드는 주체가 시간이냐, 인물이냐에 따라 달라진다. 시간에 의해 자연적으로 발생되는 경우에는 사건이고, 인물

---

7) R.S. 크레인, ≪현대소설의 이론≫, 최상규 옮김, 예림기획, 1997, 243~246면.

에 의해서 만들어진 사건은 플롯이다. 전자는 시간이 만들어낸 이야기라면, 후자는 이것을 변형해서 새로운 양식으로 만들어낸 플롯이 된다. 그러므로 플롯은 해석되어진 사건이 된다.

플롯은 소설에서 인물이 형성되어 가는 과정이다. 플롯에 의해 인물이 형성되어 가는 한편, 인물에 의해 플롯이 전개되기도 한다. 즉 인물은 사건을 일으키지만, 그 사건에 의해 지배를 받는다. 이렇게 인물과 플롯은 서로 침투하여 플롯을 전개시켜 나간다. 그런데 소설은 무엇이 행해졌는가, 또는 누가 행하여 어떻게 되었는가에 따라 그 기능과 성격이 달라질 수는 있다. 전자는 플롯 중심이고 후자는 인물중심이다. 그러나 방법과 기능의 수행은 변화에 관계없이 고정불변의 요소가 된다.

플롯은 갈등 없이는 전개되지 못한다. 갈등은 인물에서 비롯되기는 하지만, 그것은 오히려 인물의 속성을 만들어주는 요인이 되기 때문에 소설의 독립된 요소가 된다. 갈등은 발단부에서는 그 윤곽만 제시되었다가 플롯이 전개됨에 따라 차츰 구체적인 양상으로 심화되거나 상승되다가 위기부에 이르러서 최고조에 이른다. 여기에서 새로운 갈등 요인이 나타나서 플롯의 양상이 전환하여 화해의 결말에 이르게 되던지, 애초에 야기되었던 갈등이 그대로 지속되어 결국 파탄에 이르게 된다. 즉 플롯의 전개됨에 따라 갈등양상이 변모되거나 심화되어 문제의 진상이 구체화된다.

또 플롯의 요소로서 시간과 공간 배경을 들 수 있다. 플롯은 시간의 순서에 의해 나타났던 사건의 중심 모티브들을 택해서 그 시간성을 변형시켜 재배열해 놓은 것이다. 그래서 플롯은 사건의 시간과 공간성을 해석한 결과가 된다. 자연적 시간과 공간에서 발생한 사건을 작가가 의도적으로 그 시간성과 공간성을 변형함으로 전혀 다른 플롯이 된다. 작가는 사건에서 몇 개의 작은 사건들을 선택해서 그 사건과 다른 작은 사건에서 빚어지는 시간성과 공간성의 관계를 파악해서 다시 맺어놓는다. 그런데 그 관계맺음은 자연적인 사건을 이루고 있는 작은 사건들끼리의 관계를 찾아내어 그 시간과 고안에 대한 관찰과 이해를 통하여 해석한 것을 바탕으로 해서 가능하다.[8]

따라서 플롯의 과정은 사건의 인과관계와 작중인물의 행동형식, 사상의 일관성, 마지막으로 작중인물과 사건에 대한 독자의 욕구와 인식 상태 등의 관점에서 연속적인 상호관계 속에서 분석해 냈을 때에 그 예술적인 의미를 파악할 수 있다.

1) 플롯의 부분과 전체구조 상관관계

(1) 서두 단락과 전체구조 의미 찾기

<염소는 힘이 세다>는 힘이 센 것과 세지 못한 것의 대립적 구조 형식을 갖는다. 이글의 화자인 12살 소년인 정민이는 자신을 포함한 가족들과 집이 힘이 세지 못하다는 것을 인식함에 반해, 집 밖의 사람들과 세계는 모두 힘이 세다고 생각한다. 이러한 소년의 인식은 소설의 서두 부분에서부터 첨예하게 나타난다.

소설의 서두는 소설의 전체적인 분위기와 주제를 암시하는 부분으로 글의 서두를 잘 탐색할 때 소설을 바르게 해석 할 수 있는 단서를 얻을 수 있다. 본문은 이러한 필연성을 염두 해 두고 글의 서두 부분을 단락별로 나누어서 단락이 갖는 의미를 해석함과 동시에 그것을 전체적인 주제와 연결지을 때 글의 전체적인 구조가 이해할 수 있다. 각 문장이 담고 있는 의미는 한 단락을 이루는 모티브가 됨과 동시에 소설의 전체적인 구조 속에 통합됨을 보여준다.

---

8) 현길언, ≪한국 현대소설론≫, 태학사, 2002, 95~101면.

또한 한 단락이 갖는 언어의 대립 항이나 비유적인 의미는 부분적 구조로서 전체 구조와 긴밀히 연결되어 주제를 형성하는데 긴밀한 역할을 한다.

"염소는 힘이 세다. 그러나 염소는 오늘 아침에 죽었다. 이제 우리 집엔 힘센 것은 하나도 없다. 나는 때로로 홍수(洪水)의 꿈을 꾼다. 오늘 아침에도 나는 홍수의 꿈을 꾸었다. 황토빛 강물이 부글부글 끓듯이 거품을 일으키고 무서운 소리를 내며 빠르게 흐르고 있었다. 나는 강변에 있는 마을의 폐허 위에 서 있었다. 간밤의 폭우(暴雨) 때문에 집들은 더러운 판자더미가 되어 있었고, 강물이 흐르며 내는 소리─그 무섭고 한 순간도 휴지(休止)가 없는 쭈욱 이어서 들리는, 그래서 그 소리에 귀를 기울이고 있는 사람은 처음엔 그 소리가 끝날 때를 기다리지만 차츰 그 소리가 음악이나 사람의 울음소리와는 달라서, 결코 언젠가 끝날 수 있는 소리가 아니라는 것을 확신하게 되고 그러자 그것이 생명과 의지를 가진 괴물처럼 생각되어 온몸에 식은땀이 흐르는 그러한 강물 소리가 울려서인지, 그 비에 젖어 시꺼멓게 된 판자더미는 덜덜덜 떨리고 있었다. 나는 그 소리로부터 도망치려고 몸을 돌렸다. 그때 판자더미 속에서 <매애애─>하는 염소의 울음소리가 약하게 들려 왔다. 나는 판자더미를 헤쳤다. 하얀 털을 가진 염소새끼 한 마리가 그 속에 있었다. 나는 그놈을 가슴에 안았다. <243~244면>

위의 소설의 서두는 "염소는 힘이 세다. 그러나 염소는 오늘 아침에 죽었다. 이제 우리 집에 힘센 것은 하나도 없다."로 시작한다. 이 글의 화자는 12살 된 소년인데, 소년이 홍수 속에서 우연히 염소 한마디를 얻게 된 이후로 소년의 머리 속에는 염소의 생각으로 꽉 차있게 된다. 일단 위 문장에서 소년이, 우리는 염소가 죽음으로서 소년의집엔 이제 힘센 것이 하나도 없다고 생각하는 것에서 소년과 소년의 식구들은 주워온 염소 말고는 내세울 것이 하나 없는 가난한 사람들이라 것을 알 수 있다. 그렇게 때문에 소년은 어른처럼 무의식적으로 힘이 세어지는 소망을 갖게 한다. 또한 이러한 힘에 대한 소망은 자신의 주위에 있는 가족들에게까지 관심을 갖고 바라보게 한다. 그러나 소년이 본문에서 우리 집에 힘센 것이 하나도 없다고 한 것처럼 소년의 가정환경은 모두 힘이 세지 못한 것들뿐이다.

소년은 염소를 주워온 이후로 염소를 처음 얻던 때의 바로 그 사정인 홍수가 나는 꿈을 자주 꾼다. "오늘 아침에도 그 홍수의 꿈을 꾸었다."고 했는데 그 홍수는 황토 빛 강물이 부글부글 끓듯 거품을 일으키고 무서운 소리를 내며 빠르게 흐르는 무서운 것으로 나타난다. 여기에서 홍수는 세상과 연결 지어 생각해 볼 수 있다. 홍수가 난 다음 소년은 강변에 있는 마을의 폐허 위에 서있고, 간밤의 폭우로 집들이 더러운 판자더미가 된 것을 바라보는데, 이러한 광경은 소년의 집뿐만 아니라 마을전체를 폐허로 만들어 버린 홍수의 폭력을 드러냄과 동시에, 그 앞에 무력하게 노출되어 있는 소년의 심리상태를 드러낸다. 홍수로 은유되어 나타나는 폭력은 염소가 고삐를 풀어 생사탕 집 가마솥을 깨뜨려 주인 영감에게 맞아 죽게 되는 것과 소년의 누나가 사철탕의 단골인 40대 아저씨에게 겁탈당하는 것과 죽은 염소를 술과 함께 파는 할머니의 신바람 나는 장사가 구청의 통보로 하지 못하게 되는 구체적인 사건으로 나타난다.

소년은 마을의 폐허 위에서 강물이 흐르는 소리를 듣고 있는데, 그 소리는 음악이나 사람의 울음소리와는 달라서 결코 끝날 수 있는 소리가 아니라는 것을 확신하게 된다. 강물로 표상 되는 세상의 폭력은 결코 쉽게 그쳐질 수 없을 것이라는 암시가 드러남으로써 소년과 소년의 가정에 일어나는 현실적인 가난의 문제와 그에 따르는 사건들이 결코 소년의 편에 서지 않을 것이라는 것을 알 수 있다.

소년에게서 강물에 대한 의식은 그것이 생명과 의지를 가진 괴물처럼 생각되어서인지, 그 소리에 비에 젖은 판자더미는 덜덜덜 떨리기까지 하는 것으로 나타난다. 여기에서 판자더미가 강물소리에 덜덜덜 떨릴 수는 없는 것이므로 화자의 심정이 곧 홍수에 쓸려갈 판자더미로 전이되어 나타난 것으로 이해한다면, 소년의 심정은 판자더미처럼 궁지에 몰려있거나 두려워하는 심리를 가지고 있다는 것을 알 수 있다. 여기에서 소년은 자신의 마을을 폐허로 만들어버린 홍수 앞에서 무력한 모습을 드러내고 그것에서 애써 도망해버리고 싶어 하는 약한 모습을 다시 보인다. 즉, 글의 서두부분에서 힘이 센 것과 그렇지 않은 모습을 강조하던 소년은 자신은 주위의 환경을 극복할 수 없는 힘이 없는 편에 있음을 도망하려는 행동을 통해 보여준다.

그러나 마을을 시꺼멓게 변해버린 판자더미로 만들어 버리는 홍수와 그 흘러가는 무서운 소리와 함께 시꺼멓게 변해버린 판자더미 아래에서 죽지 않고 약하게 우는 하얀 새끼 염소를 발견함으로써 소년은 세상과 대항할 힘을 얻는다. 소년은 염소새끼 한 마리를 주워 가슴에 안음으로써 염소에 정신이 팔려 그 무서운 강물 소리도 듣지 못한다. 소년은 이제 힘센 홍수로 대변되는 세상을 이길 힘을 얻게 된 것이다.

소년은 힘이 세지 않는 자신에게 힘이 센 염소가 옴으로서 염소로 인해 힘이 세어질 수 있다고 생각한다. 구체적으로 힘이 없는 소년은 염소를 통해 현재의 상태를 극복하고 힘이 세어지기를 원한다. 따라서 이글의 전체적인 구조는 힘이 없는 소년네와 힘이 센 세계와의 대립적인 구조로 일관되어짐을 알 수 있다.

그러나 염소의 임자가 나타나지 않을까 사방을 두리번거리는 동안에 소년에게 다시 강물소리가 들려오고 불안해진다. 새끼염소를 안고 도망치는 소년에게 강물소리는 메아리가 되어 귀신처럼 쫓아온다. 이것은 세상의 폭력에서 벗어나려는 소년의 노력과 소망이 늘 세계의 폭력 앞에 노출되어 위협 당하는 현실적인 상황으로 이해 할 수 있다. 이로서 이 소설의 전체적인 구조는 홍수로 대변되는 가난한 현실 세계와 이러한 가난을 극복하고자 하는 여러 시도들이 새끼 염소를 매개로 이루어지기 시작했음을 알 수 있다.

그러나 여기에서 여기서 염소가 새끼로 표상 된 것은 세상의 폭력에 대결하려는 어린 화자의 일단의 의식을 대변하는 것으로, 염소가 내게 곱게 떨리는 소리로 울어줌으로써 현실에서의 죽어버린 염소와는 달리 살아있는 염소를 가슴에 안고 있는 소년에게 염소는 언제나 소년 편에 있을 것이라는 작은 희망을 준다. 그러나 앞에서 살펴보았듯이 이러한 희망 또한 늘 위협 당하는 현실이 있다. 새끼염소를 얻는 과정이 꿈속에 그대로 재현되는 것은 새끼염소로 인해 일어나 모든 일들이 한낱 꿈에서 일어난 일처럼 현실적인 변화를 크게 일으킬 수는 없는 것이라는 것을 드러낸다. 또한 이로써 염소를 소유함으로 힘이 세어지고 싶었던 화자의 소망 또한 늘 위협받는 불안한 것임을 알 수 있다.

<염소는 힘이 세다>의 서두부분에는 어린 화자가 자신과 자신을 포함한 가정환경을 힘이 센 염소로 극복해보려는 내용이 들어있다. 서두의 의미는 소설 전체의 구조가 축소되어 나타나는 형식으로서, 한 문단 안에서 찾아볼 수 있는 대립되는 의미가 그대로 전체적인 구조를 이루어내고 하나의 주제로 통합되는 됨을 알 수 있다.

(2) 모티프와 전체 의미 형성 관계

<염소는 힘이 세다>의 플롯은 힘이 세지 못한 소년이 힘이 센 세상에 대항하기 위해 힘세지를 소망하는 구조를 갖고 있다. 따라서 소설 속에 드러난 각각 모티프는 힘이 센 것과 세지 못한 것의 대립적인 의미를 지니고 있고, 힘이 센 것이 힘이 세지 못한 것을 지배하는 관계, 힘이 약한 소년네가 힘을 소유하는 관계 등으로 요약되어 나타난다. 각각의 모티프들은 이렇게 역동적이고 연속적인 요소로 사건을 결합시키고 플롯의 의미를 상승시켜나간다.

① 힘이 약한 것을 의미하는 모티프

<예시문 1>

머리칼이 하얗고 입속에는 어금니 세 개밖에 남아 있지 않은 귀머거리 할머니는 목소리를 제외하면 힘이 세지 않았다. 목소리는 아무리 커도 힘이 될 수 없으니까 할머니는 완전히 힘이 세지 않았다. 달포전까지는 종로거리를 오락가락하며 꽃장사를 하다가 마지막 가을비가 내리던 날부터 쭈욱 끙끙 앓으며 이불을 둘러쓰고 누워 있는 어머니도 힘이 세지 않았고 …그렇지만 나로서는 열 입 곱살이 힘인지 아닌지를 분명히 모르니까 누나도 완전히 힘이 세지 않았고 그리고 여름철의 폭풍이 부는 밤이면 우리 집으로부터 떨어져 나가버리고 싶다는 듯이 쿵쾅 소리를 내며 날뛰는 우리 집의 양철지붕도 힘이 세지 않았고 집 앞 한길에 교외의 도로포장 공사장으로 가는 불도저가 지나갈 때면 덜덜덜 떨고 있는 우리 집의 썩어가는 판자담과 판자로 된 쪽대문도 힘이 세지 않았고 염소가 그럴 생각만 있었으면 간단히 고삐를 떼고 거리로 도망칠 수 있었던 말뚝도 힘이 세지 않았고 미닫이를 사이에 둔 우리 집의 방 두 개도, 아무리 밝은 날에도 저녁때처럼 어두컴컴하기만 해서 힘이 세지 않았고 좁은 마당도 그것이 좁아서 힘이 세지 않았고 아니 우리 집 전체가, 그것이 날이 갈수록 키가 자라나는 벽돌 건물들 틈에 끼어 있기 때문에 힘이 세지 않았다. 그러나 나, 바로 열두 살짜리의 힘없고 키 작은 "아유, 우리 예쁜 고추야!"일 뿐이다.

<247~248면>

위의 <예시문 1>에서 알 수 있듯이 소년과 소년의 가족인 할머니와 엄마, 누나는 모두 힘이 세지 않은 존재들이다. 또한 소년의 집의 물건들도 모두 힘이 세지 않는데, 그것은 외부의 힘에 의해 모두 흔들리기 때문이다. 양철지붕은 폭풍이 부는 밤이면 쿵쾅 소리를 내며 날뛰며, 판자담과 쪽대문도 불도저가 지나갈 때면 덜덜덜 떠는 반응을 보이며, 염소를 매고 있는 말뚝도 염소가 마음만 먹으면 고삐를 떼고 도망을 갈 수 있는 것처럼 힘이 세지 않았고, 방두개와 좁은 마당도 햇빛이 들어오지 않아 힘이 세지 않았고, 집 전체가 옆에서 점점 자라나는 벽돌 건물들 틈에 끼어 있어 힘이 세지 않았다. 무엇보다 화

자 자신이 아직 힘없고 키 작은 소년이기 때문에 힘이 세지 못했다. 위의 예시
문은 소년네가 힘이 세지 않다는 것을 설명하는 방식으로 보여주는 글이지만,
소년네가 힘이 세지 못한 것은 외부의 힘이 작용했을 때 그것을 이겨낼 만한
힘을 소유하지 못했기 때문에 생겨나는 반작용의 의식이고 인식이다. 따라서
소년은 외부의 힘을 대항할 수 있는 힘을 소유하기를 원하고, 무엇보다 힘이
세어지기를 소망하게 된다. 소년은 자신과 집이 힘이 약한 것을 의식하듯이,
외부의 힘이 센 사람들의 세계를 탐색하고 의식하게 된다.

② 힘이 센 것을 의미하는 모티프

㉠ 새끼 염소 : 염소는 힘이 세다. 그러나 염소는 오늘 아침에 죽었다. 이
젠 우리 집에는 힘센 것은 하나도 없다. 나는 염소가 죽는 순간까지도 힘이
세었던 것을 보았다. <245~246면>

㉡ 아저씨: 아저씨 집에서 파는 돼지기름 냄새 나는 국수를 나는 싫어했
다. 그것은 정말 비위에 거슬리는 냄새였다. 지게꾼들은 그러나 그 냄새 역
겨운 국수를 맛있게 먹곤 했다. 지게꾼들은 힘이 세다. 아마 그 돼지기름
냄새가 나는 국수를 먹기 때문인지도 모른다. ― 서울엔 고기기름 냄새가
나는 거리가 너무나 많다고 나는 생각한다. 그러나 나의 고기기름에 대한
혐오감 속에는 그것에 대한 부러움도 섞여 있다. 고기기름을 먹을 수 있으
면 힘이 세어질지도 모른다는 생각이 늘 내 머릿속 한 구석에 있기 때문이
다. <249면>

㉢ 염소 고깃국을 먹으러 오는 손님들 : 수염이 시커멓고 살갗이 시커멓
고 가슴이 떡 벌어졌고 키가 크고 손이 큰 남자들도 가마솥 속의 염소에게
끌려서 우리 집으로 들어온다. 염소는 우락부락하게 생긴 사람만 일부러
골라서 우리 집으로 끌어들일 만큼 힘이 세다. <252~253면>

㉣합승회사에서 내보낸 사람 : 그 사람은 합승회사에서 내보낸 사람으
로서 운전사들이 회사에서 정해준 시간을 잘 지키고 있나 없나 조사하러

나와 있는 사람이라고 한다. <253면>

ⓛ 순경 : 그 사람은 키도 작고 우락부락하게 생기지도 않았지만 힘이 센
듯 했다. 그 사람과 함께 온 검은 유니폼을 입은 순경보다 더 힘이 센 듯했
다.- 그 사람이 할머니에게 말했다. "허가도 내지 않고 술을 팔고 음식을
팔면 어떻게 되는지 정말 몰랐단 말요." <255면>

소년은 힘이 센 것은 모두 소년과 소년의 집 밖에 있다고 생각한다. 죽어버
린 염소새끼가 그렇고, 염소를 묻는 것 대신 염소국을 끓여 팔라는 아저씨, 염
소국을 먹으러 오는 손님, 순경 등이 그렇다. 힘이 센 사람들은 소년에게 혐오
감과 부러움을 준다. 소년이 부러움을 느끼는 것은 힘이 세어지고 싶은 소망
이 있기 때문이다. 그러나 소년이 혐오감을 느끼는 것은 힘이 센 사람들이 결
코 소년의 편의 사람이 될 수 없기 때문이며, 힘이 세지만 어떤 좋은 이미지를
보여주지 않기 때문이다. 따라서 소년이 지향하는 힘의 세계는 힘이 센 사람
들이 보여주는 부정적인 이미지가 아니다. 소년은 이런 혐오감을 주는 힘을
소유하는 것이 아니라 보다 건강한 의미의 힘을 소유하기를 원한다.

그러나 현재 힘이 센 사람들은 누구도 소년이 상대할 만한 사람이 아니다.
소년은 힘이 없기 때문에 힘센 사람들이 자신과 식구들에게 힘을 가하는 것
을 막아내지 못한다. 소년은 강압적인 힘 앞에 덜덜 떨며 분노를 삭일 도리밖
에 없다.

③ 힘이 센 것이 힘이 세지 못한 것을 지배하는 관계
ⓐ 염소새끼의 죽음 : '생사탕'집의 뚱뚱보 영감이 한 손으로는 우리 염
소의 목고리를 쥐고 기다란 나무토막을 쥔 다른 손으로는 염소의 머리를
사정없이 내리치고 있었다. 염소는 약하게 울고 있었다. 그것은 울음이 아
니라 이젠 죽어가는 신음이었다. <246~247면>

ⓛ 누나가 겁탈당하는 장면 : 나는 누나에게 큰 변이 생긴 것을 직감했다. 그러나 무서워서 몸을 움직일 수가 없었다. 한참 만에야 겨우 몸을 움직여서 가마니와 헛간 문의 기둥 틈으로 안을 들여다보았다. 합승 정거장의 사내가 아랫도리를 반쯤 벗은 채 한 손으로 누나의 입을 틀어막고 누나의 몸위에 엎드려져 있었다. 누나의 발이 힘없이 허공을 차고 있었다. <254면>

ⓒ 고깃국을 팔지 못하게 하는 순경 : "오늘부터 당장 그만두시오, 할머니. 그렇잖으면 징역 삽니다. 꼭 장사를 하시려면 구청에서 허가를 받구 해야 됩니다. 아시겠어요! 할머니?" 할머니는 고개를 여러 번 끄덕거리며 대답하셨다. "알았습니다, 나으리." 그 사람들은 돌아갔다. <256면>

위의 예문에서처럼 힘이 센 것이 힘이 세지 못한 것을 지배하는 방식은 폭력적인 억압적인 방식이다. 소년이 소유하고 있는 유일한 힘이었던 염소새끼가 생사탕집 영감에게 맞아 죽는 장면이나, 누나가 합승회에서 나온 사람에게 겁탈당하는 장면, 허가받는 것이 무엇인지도 모르는 소년네 집에 와서 장사를 못하게 하는 순경 등은 소년의 입장에서는 힘을 가진 자의 횡포이고 폭력일수밖에 없다. 따라서 소년이 힘을 가진 자에 대해 갖는 혐오감은 더해지게 된다. 또한 힘을 가진 자가 힘을 폭력적으로 남용함으로써, 화자는 힘이 세어지는 것 자체에 대해 부정적인 의식을 갖게 된다. 이로써, 힘을 소유하는 것, 힘을 갖게 되는 방법, 힘을 사용하는 것 등이 부정적 의미를 띠게 된다. 그러나 힘이 약한 소년은 계속해서 힘을 욕망한다. 힘이 약한 소년이 힘을 소유하는 과정을 이해할 때, 힘의 속성과 그러한 힘의 세계를 바라보는 화자의 심리를 알게 된다.

④ 힘이 약한 소년네가 힘을 소유하는 관계
　ⓐ 우연히 염소새끼를 주워 옴 : 나는 판자더미를 헤쳤다. 하얀 털을 가

진 염소새끼 한 마리가 그 속에 있었다. 나는 그놈을 가슴에 안았다. 새끼 염소에 정신이 팔려 있는 동안은 내 귀에 들리지 않던 무서운 강물소리가 내가 그놈을 가슴에 안고, 어디서 이놈의 임자가 나타나지 않을까, 하고 사방을 두리번거리는 동안에 다시, 나를 휩쓸고 갈 듯이 달려들었다. 나는 새 끼염소를 안은 채 도망쳤다. <244면>

ⓛ 죽은 염소로 염소국을 끓여 팔게 됨 : 아저씨는 말했다. "미련하게 염 소를 왜 파묻어요? 그걸 이용해보도록 하세요. 꽃 파는 것보담야 훨씬 나을 걸요." 할머니도, 병을 앓고 누워 계신 어머니도 아저씨의 의견에 고개를 끄덕거리셨다. 나는 어쩐지 할머니와 어머니께서 고개를 끄덕거리시는 것 이 조마조마했다. 고개를 끄덕거려서는 안 될 것처럼 문득 생각되었지만 아저씨의 의견이 눈에 보이는 일과 물건들로 나타나기 시작했을 때엔 명 절날처럼 신나기만 하였다. <249~250면>

ⓒ 누나가 버스 차장이 됨 : 그러나 염소는 죽어서도 힘이 세다. 어쨌든 누나를 힘세게 만들어주었다. 누나가 타고 있는 합승의 번호가 거리의 저 쪽에 나타났다. 내 가슴은 갑자기 뛰기 시작했다. 얼굴이 아무리 그러지 않으려고 해도 뜨겁게 달아올랐다. 나는 길가에 서 있기가 힘들었다. <259면>

  힘이 세지 않은 소년네가 힘을 소유하는 과정은 우연적이고 모순적이다. 소년이 주인을 잃은 염소새끼를 발견하는 것도 우연적이고, 죽은 염소새끼를 고깃국으로 끓여 팔게 된 과정도 우연적이다. 그러나 누나가 겁탈당한 합승 직원의 도움으로 버스 차장이 되는 것은 비의적이고 모순적이다. 따라서 힘 이 없는 소년이 힘을 얻는 과정은 우연적이고 모순적이기 때문에 힘이 세지 않은 자에 대한 보호 장치가 있을 수 없게 된다. 이는 주운 염소가 생사탕집의 폭력으로 죽게 되는 것, 죽은 염소로 고깃국을 끓여 팔다가 구청에 걸려 팔지 못하게 되는 장면으로 나타나며, 누나가 버스 차장이 되어 일시적으로는 힘 을 소유한 듯한 기쁨을 누리지만 버스차장이 된 것이 '성'을 대가로 한 결과

이기 때문에, 힘을 소유하는 것 자체에 대한 의미는 절감될 수밖에 없다. 이젠 힘이 세지 않은 소년이 힘을 소유하기를 소망하는 것은 더 이상의 의미가 없다. 소년은 염소가 죽어서 결국 누나를 힘이 세게 만들어준 것에 뭔지 모를 부끄러움을 느낀다. 그래서 누나가 타고 있는 버스가 거리의 저쪽에서 나타날 때, 그것에 반응을 보이고 싶지 않아 한다. 그러나 누나가 탄 버스가 보이게 되자 소년의 가슴이 뛰기 시작하고, 얼굴이 아무리 그러지 않으려고 해도 뜨겁게 달아오르며 흥분을 감추지 못한다. 소년은 누나가 힘을 소유한 것에 대해 역설적인 반응을 보인다. 소년이 누나의 버스를 보고 흥분을 하는 것은 외압적으로 다가오는 힘의 세기를 감당할 수 없기 때문이다. 그러나 누나가 힘을 소유하는 과정은 누나가 합승직원에게 겁탈을 당하게 되고, 그 직원이 누나에게 일자리를 소개하는 형식을 띠는 비상식적인 방법에 의한 것이다. 이는 힘을 소유하는 것 자체가 폭력적이고 억압적인 방법으로써만이 가능하다는 것을 보여주면서, 힘의 세계에 대한 작가의 부정적인 의식을 보여준다.

2) 인과율의 작용

(1) 동기와 결과에 대한 기본적인 감각

① 힘이 세어지고 싶은 동기 : 소년이 힘이 세어지고 싶은 동기는 외부의 압력에 늘 흔들리는 자신의 집이 처한 환경 때문이다. 소년의 집은 힘이 세지 않기 때문에 폭풍우속에서 양철지붕이 쿵쾅 소리를 내며 날뛰고, 교외의 도로포장 공사장으로 가는 불도저가 지나갈 때마다 판자담과 쪽대문이 덜덜 떨리는 등 외부적인 힘에 금방 반응을 보이기 때문이다. 따라서 누나와 엄마는 깨끗하고 조용한 곳으로 이사 가기를 원하는데, 소년은 누나와 엄마가 늘 말하는 깨

끗하고 조용한 집이 어떤 곳인지를 모르고, 깨끗하고 조용한 곳은 학급 반장네 집의 변소밖에 모를 정도로 세상에 대해 모르는 것이 많다. 또한 꽃 장사를 갔다가 가을비가 내리던 날부터 끙끙 앓으며 병원에 가지 못하고 이불을 둘러쓰고 누워있는 어머니도 소년이 힘이 세어지고 싶은 동기로 작용한다.

그러나 소년이 단적으로 힘이 세어지기를 원하게 되는 것은 폭풍우 속에서 우연히 염소새끼를 발견하게 되면서부터이다. 소년은 홍수와 강물소리로 불안과 두려움을 느끼는데, 새끼염소를 발견하고 새끼염소에 정신이 팔려 있는 동안은 귀에 들리던 무서운 강물소리가 들리지 않았기 때문이다. 소년은 새끼염소로 표상되는 힘을 소유하였을 때 불안함과 두려움에서 벗어날 수 있었다. 따라서 소년이 힘이 세어지기를 소망하는 것은 외부의 세력에서 자신을 보호하고 외부의 세력이 주는 불안함과 두려움에서 벗어나기 위한 것이라는 것을 알 수 있다.

② 힘을 소유하게 된 결과 : 소년은 염소를 소유하였다가, 염소가 죽으면서 그것으로 고깃국을 팔아 힘을 소유하게 된다. 그러나 구청의 제재로 장사를 하지 못하게 되지만, 누나가 승합직원에게 겁탈을 당하면서 그 대가로 일자리를 얻게 되면서 힘을 소유하게 된다.

소년이 힘이 세어지기를 원했던 동기는 외압적인 힘이 주는 두려움과 불안함에서 벗어나기 위한 것이었다. 그런데 힘을 소유하게 된 방법이 누나의 희생을 담보로 한 부정적인 방법이기 때문에 소년이 순수하게 힘을 얻어 불안함과 두려움에서 벗어나고자 했던 소망은 곧 그 의미를 잃어버리게 된다. 누나가 힘을 얻음으로 소년 또한 힘을 소유하게 되었지만, 이제 그 힘은 소년의 불안함과 두려움을 지켜주거나 보호해주는 의미의 힘이 될 수 없다. 따라서 소년이 힘을 소망하게 된 원인과 결과는 과정에서 겁탈이라는 부정적 방식이 삽입됨으로써, 힘이 세어지기를 소망하는 소년의 마음이 깨어졌음을 명시한다. 그러나 소년이 누나가 탄 버스가 가까이 옴에 따라 가슴이 뛰고 얼굴이 달아오르는 것은 현실생활에서 어쩔 수 없이 그 힘의 세계에 타협하고 반응할 수밖에 없음을 비의적인 결과로 보여준 것이다.

(2) 극복해야할 장애물

소년이 수행해야할 어려운 임무는 힘이 세어지는 것이다. 따라서 소년은 힘이 센 것을 소유함으로써 힘이 세어지기를 소망한다. 그러나 소년과 소년의 집이 힘이 세어지는 현재의 환경에선 어려운 일이다. 소년이 수행해야할 어려운 임무는 힘이 세어지게 하는 것을 소유하는 것인데, 그것은 첫번째로 새끼염소를 발견하여 주워오는 것으로 시작된다. 그러나 새끼염소를 주워오는 것에도 극복해야할 장애물이 있는데, 그것은 새끼염소의 주인이 나타날 수도 있다는 것이다. 이것은 소년에게 힘을 소유함과 동시에 두려움과 불안함을 갖게 한다. 다음으로 새끼염소가 죽어 고깃국으로 팔려나가면서 소년의 집은 활기를 띠고 힘을 소유하는 것처럼 보인다. 그러나 소년의 집에 힘이 되어주는 고깃국 판매가 결국 불법적인 일로 드러나면서 순경의 제재와 함께 소년은 다시 한번 불안과 무서움에 떨게 된다. 그리고 고깃국을 팔 때에 합승회에서 조사하러 나온 사람에 의해서 누나가 겁탈을 당하는 장면을 목격하게 되면서 소년은 무서워서 움직이지도 못하게 되는데, 소년이 힘이 센 사람들에 대한 두려움과 무서움을 느끼며 어떤 반항도 하지 못하게 된다. 소년은 힘이 센 사람들을 개인적으로 극복하지 못한다. 마지막으로 누나가 합승회 직원의 도움으로 버스차장이 되면서 힘이 세어지게 되는데 이는 소년과 소년의 집이 수행해야할 어려운 임무가 성취되었음을 뜻한다. 하지만 그것은 힘이 세지 못한 소년과 소년의 집이 힘이 센 것들을 극복하는 방법으로서가 아니라 힘이 센 것이 휘두르는 폭력에 노출되고 타협함으로써 형성한 부정적인 것들이다. 소년이 힘이 세어지고 싶었던 것은 외부적인 상황에서 오는 두려움과 무서움에서 벗어나기 위해서인데, 누나가 힘이 세어졌다할지라도 소년은 두려움과 무서움에서 벗어나지 못한다. 따라서 소년이 힘이 세어지는 것에 대한 의미를 사라져버리고 힘이 센 것에 대한 부정적인 인식만을 강하게 드러낸다. 그러나 합승회 직원의 얼굴을 쳐다보지도 않지만 누나가 타고 있는 합승의 번호가 나타나면 가슴이 뛰고, 얼굴이 뜨겁게 달아올라 할머니를 부르러 뛰어가는 것에서, 소년은 누나와 할머니 등, 힘이 없는 가족에 대한 사랑만은 변하지 않고 깊게 간직한다.

3) 플롯의 기법

<염소는 힘이 세다>는 새로운 사건을 소개하는 단락이 시작할 때마다 구성상 동의문장으로 시작되고 이로써 전체적으로 리듬적 대구법이 형성된다. 동의문장의 반복은 소년의 입장에서 말해지는 문장으로, 새로운 사건을 환기시켜주면서, 소년과 소년의 집에 힘센 것이 하나도 없다는 것을 강조한다. 또한 각각의 동의 문장은 점차 의미상 강화가 되면서 뒤에 올 사건을 예시하고 그 사건으로 인해 형성될 수 있는 소년의 감정에 동조하게 만든다.

① 염소는 힘이 세다. 그러나 염소는 오늘 아침에 죽었다. 이제 우리 집에 힘센 것은 하나도 없다. <243면> - 소설의 서두 : 꿈에 염소새끼를 발견하는 장면

② 염소는 힘이 세다. 그러나 염소는 오늘 아침에 죽었다. 이제 우리 집에 힘센 것은 하나도 없다. 나는 때때로 홍수의 꿈을 꾼다. 오늘 아침에도

나는 홍수의 꿈을 꾸었다. <244면> – 염소의 슬픈 울음소리를 듣는 장면

③ 염소는 힘이 세다. 그러나 염소는 오늘 아침에 죽었다. 이제 우리 집에 힘센 것은 하나도 없다. 나는 염소가 죽는 순간까지도 힘이 세었던 것을 보았다. <245~246면> – 생사탕집의 영감에 의해 염소가 죽게 되는 장면

④ 염소는 힘이 세다. 그러나 염소는 오늘 아침에 죽었다. 이제 우리 집에 힘센 것은 하나도 없다. <247면> – 힘이 세지 않은 소년과 소년의 집 소개

⑤ 염소는 힘이 세다. 그러나 염소는 오늘 아침에 죽었다. 이제 우리 집에 힘센 것은 하나도 없다. 힘센 것은 모두 우리 집의 밖에 있다. <248면> – 아저씨에게 염소를 묻어달라고 부탁하러 가는 장면

⑥ 염소는 힘이 세다. 그러나 염소는 오늘 아침에 죽었다. 이제 우리 집에 힘센 것은 하나도 없다. 힘센 것은 모두 우리 집의 밖에 있다. 아저씨는 우리 집의 밖에서 살고 있다. 따라서 아저씨는 힘이 세다. 힘이 약한 사람은 힘이 센 사람에게 복종할 수밖에 없다. <249면> – 아저씨의 제안으로 염소고깃국을 팔기 시작하면서 힘을 얻게 됨

⑦ 염소는 힘이 세다. 그러나 우리 집 염소는 보름쯤 전에 죽어버렸다. 이제 우리 집에 힘센 것은 하나도 없다. 힘센 것은 모두 우리 집의 밖에 있다. 염소 고깃국을 사먹으러 오는 사람들은 모두 우리 집의 밖에서 우리 집으로 들어왔다. 따라서 그 사람들은 기운이 세다. <251면> – 손님들이 고깃국에 술을 팔라고 해서 술을 팔기 시작함

⑧ 염소는 힘이 세다. 염소는 죽어서도 힘이 세다. 가마솥 속에서 끓여지는 염소도 힘이 세다. 수염이 시커멓고 살갗이 시커멓고 가슴이 떡 벌어졌고 키가 크고 손이 큰 남자들도 가마솥 속의 염소에게 끌려서 우리 집으로 들어온다. 염소는 우락부락하게 생긴 사람만 일부러 골라서 우리 집으로 끌어들일 만큼 힘이 세다. <252~253면> – 누나가 손님인 합승직원에게 겁탈을 당함

⑨ 염소는 힘이 세다. 염소는 죽어서도 힘이 세다. 가마솥 속에서 끓여지

는 염소도 힘이 세다. 수염이 시커멓고 살갗이 시커멓고 가슴이 떡 벌어졌고 키가 크고 손이 큰 남자들도 가마솥 속의 염소에게 끌려서 우리 집으로 들어온다. 염소는 우락부락하게 생긴 사람만 일부러 골라서 우리 집으로 끌어들일 만큼 힘이 세다. <255면> - 순경이 와서 허가를 내지 않고 음식과 술을 파는 것은 불법이라며 제재를 가함

⑩ 염소는 힘이 세다. 죽어버린 염소도 힘이 세다. 앓는 어머니를 소공동 쪽으로 밀어 보낼 만큼 힘이 세다. <256면> - 누나가 합승직원에 의해 버스차장이 됨

염소는 힘이 세기 때문에 죽어서도 힘이 세다. 힘이 센 염소로 인해 소년과 소년의 집에 크고 작은 일들이 발생한다. 이러한 사건은 모두 동의문장의 반복과 의미상 강화된 문장으로 단락이 시작되면서 반복된다. 염소가 힘이 센 것과 힘이 센 염소가 죽음으로써 소년의 집이 힘이 없어진 것은 의미상 대조를 형성한다. 힘이 센 것과 세지 못한 것의 대조는 곧 이 세계가 양분화 되어 있음을 뜻한다. 힘이 센 염소가 죽음으로써 힘이 없어진 소년의 집에서 염소고깃국을 팔아 다시 힘을 얻게 되는 것은 반어에 의해서만이 힘을 얻을 수 있음을 뜻한다. 순경의 제재로 고깃국을 팔지 못하게 되면서 힘을 얻지 못하는 소년네 집에, 누나를 겁탈한 승합직원의 도움으로 누나가 승합차장이 됨으로써 힘을 얻게 되는 것 또한 반어적이다. 힘이 세어지는 것은 곧 힘이 될만한 것들이 사라졌을 때 힘을 얻게 되는 반어적인 구조를 띠고 있다. 또한 반어에 의해 소설적 의미가 충족되는 것은 이 세계가 계속적으로 변화된다는 것을 뜻하며, 그것은 힘이 센 것에 의해 세계가 일방적으로 구성되고 있음을 반어적으로 묘사한 것이다.

3. <서울 1964년 겨울>[9] 시점 분석

시점이란 어떤 의미에 있어서 기법상의 문제이며 보다 큰 목적을 위한 수단이다. 기법은 예술가가 자신의 예술적 의미를 발견하는 방법이라거나, 자신의 의지를 독자에게 작용시키는 방법이라고 말할 때에도 우리는 여전히 그 기법이 기여하도록 의도된, 보다 더 큰 의미나 효과에 비추어 봄으로써 그 기법을 판단할 수 있다.[10] 소설의 여러 가지 기법은 환상을 만들어 내는 데 얼마나 기여하고 있느냐에 따라 가치가 결정된다. 소설의 일반적인 목적은 헨리 제임스가 지적한 바와 같이 가능한 한 완벽한 이야기의 환상을 만들어 내는 데 있기 때문이다. 시점의 선택도 궁극적으로는 이야기의 환상을 만드는 데 얼마나 공헌을 하느냐에 달려 있다. 시점의 선택은 전체적인 통일과 사건 배열의 균형이나 조화를 이룩하지 못할 때 미적 효과는 기대할 수 없는 것이다. 결국 시점은 그 장 · 단점을 기계적으로 계산한 결과 선택되는 것이 아니라 소재와 주제, 플롯, 전체의 미적 효과를 고려하여 결정될 대단히 현실적이면서도 미학적인 문제라고 할 수 있다. 작가의 취향 또한 중요한 사항임은 말할 것도 없다.[11] 시점에 대한 분석방법은 유형별로 나누어 그 장 · 단점을 살피는 이론 형식이 있다. 그러나 소설을 분석할 때 작가가 선택한 시점과 화자가 소설의 주제와 전체 구성에 어떠한 효과를 주는가, 그 성격과 당위성을 살펴보는 것은 소설공부에서 무엇보다 의미 있는 작업이라고 생각한다.

<서울 1964년 겨울>은 이전에는 만난 적이 없는 서술자 '나'인 '김'과 대학원생 '안', 아내를 잃은 서른 대여섯의 '사내' 등 세 명이 우연히 포장마차에서 만나 하룻밤을 같이 보내는 이야기다. 소설의 서술자 '나'는 세 사람의

---

9) 김승옥, <서울 1964년 겨울>, ≪김승옥 소설전집 1≫, 문학동네, 1995.
10) 웨인 C.부스, <거리와 시점>, ≪현대 소설의 이론≫, 최상규 역, 예림기획, 1997, 451면.
11) 유태영, ≪현대소설론≫, 국학자료원, 2001, 267면.

방황하는 모습을 관찰하는 시점과 자신의 마음을 전달하는 주인공 시점 등 복합적인 시점을 취하고 있다. 복합적인 시점의 양상은 서술자 '나'와 '안', 사내 등의 방황하는 모습이 종합적으로 묘사될 때, 작품의 주제가 전달될 수 있기 때문이다. 따라서 소설의 시점 구성은 서술자 '나'가 외부세계를 바라보는 시점과 심리를 드러내고 동시에 보여주기 방법으로 서술되는 '안'과 '사내'의 심리 또한 동등하게 중요한 기능을 한다.

1) 서술자 '나'의 시점

서술자 '나'가 는 자신의 독특한 언어로 자신만의 경험이나 깨달음을 독자에게 전달할 수 있다. 따라서 이 시점은 주인공 자신의 사고 내용과 관찰, 지각과 감정만을 전달하므로 목격자인 '나'보다는 기동성이 떨어진다. 그러나 목격자인 '나'와 마찬가지로 요약과 직접제시를 할 수 있으며 전체적으로 독자와 갖는 거리가 가장 가까운 시점이다.

서술자 '나'는 소설 서두에서부터 1964년이 의미하는 을씨년스러움과 쓸쓸함을 배경묘사를 통해서 서술하고 있다. 여기에서 서술자 '나'의 관점과 시점은 소설 전반의 분위기를 형성하며 서술자의 심리대로 소설을 이끌어 가는 역할을 한다.

> <예시문 1>
> 1964년 겨울을 서울에서 지냈던 사람이라면 누구나 알 수 있겠지만, 밤이 되면 거리에 나타나는 선술집——오뎅과 군참새와 세 가지 종류의 술 등을 팔고 있고, 얼어붙은 거리를 휩쓸며 부는 차가운 바람이 펄럭거리게 하는 포장을 들치고 안으로 들어서게 되어 있고, 그 안에 들어서면 카바이트 불의 길쭉한 불꽃이 바람에 흔들리고 있고, 염색한 군용(軍用) 잠바를 입고

있는 중년사내가 술을 따르고 안주를 구워주고 있는 그러한 선술집에서, 그날 밤, 우리 세 사람은 우연히 만났다. 우리 세 사람이란 나와 도수 높은 안경을 쓴 안(安)이라는 대학원 학생과 정체는 알 수 없지만 요컨대 가난뱅이라는 것만은 분명하여 그의 정체를 알고 싶다는 생각은 조금도 나지 않는 서른 대 여섯 살짜리 사내를 말한다. <202면>

위의 <예시문 1>에서처럼 1964년 겨울은 밤이 되면 차가운 바람이 얼어붙은 거리를 휩쓸고 사람들은 추위를 피해 포장마차 안에 들어와 술을 하게 된다. 포장마차 안에는 중년 사내가 술을 따르고 안주를 굽는 어딘지 쓸쓸한 면모를 보여준다. 이와 같은 배경 묘사는 1960년대라는 어딘지 허무하고 쓸쓸한 분위기를 전달한다고 할 수 있는데, 이것은 서술자 '나'가 보고 생각한 것을 토대로 쓰여 있다. 서술자 '나'는 25살의 시골출신으로, 고등학교를 졸업하고 육군사관학교를 지원했다가 실패를 경험한 후, 군대에 갔다가 임질에 걸린 적인 있는 구청 병사계(兵事係)에게 일하는 20대의 젊은이다. 20대의 젊은이의 시각에서 바라보는 배경과 분위기는 그대로 주제와 연결되면서 서사적 효과를 지향한다.

<예시문 2>
나는 꺼졌다고 생각하고 있던 '학'에 다시 불이 붙고 있는 것을 보았다. 물줄기가 다시 그곳으로 뻗어가고 있었다. 그러나 물줄기는 겨냥을 잘 잡지 못하고 이리저리 흔들리고 있었다. 불은 날쌔게 '용'을 핥고 있었다. 나는 '미'까지 어서 불 붙기를 바라고 있었고 그리고 그 간판에 불이 붙는 과정을 그 많은 불구경꾼들 중에서 나 혼자만 알고 있기를 바랐다. 그러나 그때 문득 나는 불이 생명을 가진 것처럼 생각되어서, 내가 조금 전에 바라고 있던 것을 취소해버렸다. <218면>

위의 <예시문 2>는 불이 난 화재 현장을 '안'과 사내와 함께 가서 불구경을 하는 장면이다. 이 부분을 제외하고 '나'의 심리가 소설전체에서 구체적으로 드러난 장면은 거의 없다. '나'는 불을 구경하면서 불이 붙는 과정이 많은 구경꾼들 중에 자신 혼자만 알고 있기를 바란다. 이러한 심리는 무의미한 것에 대해 집착하는 '나'의 내면적인 정황이다. 이것은 '불이 생명을 가진 것처럼 생각됨으로 불이 더 빨리 붙기를 조금 전에 바라고 있던 것을 취소해버렸다는 것'에서 무의미한 삶에 집착하던 화자의 내면이 '생명을 가진 불의 의미' 앞에 위축되는 심리를 드러낸다.

'나'는 소설에서 관찰자 시점으로 사건과 인물을 거리감을 가지고 바라본다. 위의 심리 또한 관찰자 시점으로 서술자의 내면심리를 어느 정도 드러내다가 그 내면적 정황의 의미를 설명하지 않고 거두어버림으로써 서술자 '나'에 대한 독자의 궁금증과 환상은 더해간다.

2) 목격자로서 '안'과 '사내'를 바라보는 시점

서술자 '나'가 '안'과 '사내'에 대해 갖는 인상은 '안'과 '사내'의 지배적인 인상이 된다. '나'는 '안'과 '사내'에 대한 정보를 제공한다. 따라서 서술자 '나'가 보여주는 인상은 인물들에 대해 독자의 상상을 제한하면서 하나의 성격으로 집중시키는 역할을 한다고 볼 수 있다. 또한 서술자가 인물에 대해 갖는 거리감은 곧 독자와 인물들 간의 거리감으로 작용하면서 서술자가 보여주고 이끄는 대로 시점을 따라갈 수밖에 없게 된다.

① '안'에 대한 서술
    <예시문 3>
    도수 높은 안경을 쓴 안(安)이라는 대학원 학생/ 나는 그가 안씨라는 성을

가진 스물 다섯 살짜리 대한민국 청년, 대학 구경을 해보지 못한 나로서는
상상이 되지 않는 전공을 가진 대학원생, 부잣집 장남이라는 걸 알았고…

서술자가 '안'에 대한 인상으로 서술한 것은 도수 높은 안경을 썼다는 것이
다. 또한 그와 자기소개를 한 후, '안'이 서술자와 같은 스물다섯 살의 나이이고,
대학원생이며 부잣집 장남이라는 것을 소개한다. 도수 높은 안경을 쓰고 대학
원을 다니는 부잣집 장남임에도 포장마차에 들어와 술을 마시는 것에서 '안'은
뭔가에 방황하고 고뇌하는 분위기를 갖고 있다. 따라서 서술자 '나'가 안에 대
해 추측할 수 있는 것은 거의 없기 때문에 '안'에 대한 소개나 심리는 더 이상
진전되지 않고 서술자와의 대화의 형식에서 '안'에 대한 정보가 제공된다.

② '사내'에 대한 서술
　　<예시문 4>
　　요컨대 가난뱅이라는 것만은 분명하여 그의 정체를 알고 싶다는 생각은
　　조금도 나지 않는 서른 대여섯 살짜리 사내를 말한다.

서술자가 사내를 처음 본 인상으로 기술한 것은 서른 대여섯의 가난뱅이로
그 사람의 정체를 알고 싶은 생각이 들지 않는다는 것이다. 이는 사내에 대한
독자의 상상을 서술자의 관점으로 이끌어가는 부분이다. 그러나 그렇게 어딘
가 소외되어 보이는 사내가 서술자와 안에게 술을 사주겠다는 말을 하면서
사내의 상황이 하나씩 드러나게 된다. 사내의 마음은 사내가 말하고 행동하
는 것을 통해 보여 지게 된다.

　　<예시문 5>
　　"말씀드리고 싶은 게 있는데요." 마음씨 좋은 아저씨가 말하기 시작했
　　다. "들어주셨으면 고맙겠습니다…… 오늘 낮에 제 아내가 죽었습니다.

세브란스병원에 입원하고 있었는데……"그는 이젠 슬프지도 않다는 얼굴로 우리를 빤히 쳐다보며 말하고 있었다. "네에에." "그거 안되셨군요" 라고 안과 나는 각각 조의를 표했다. <273면>

사내는 고개를 떨구고 한참 동안 무언지 입을 우물거리고 있었다. 안이 손가락으로 내 무릎을 찌르며 우리는 꺼지는 게 어떻겠느냐는 눈짓을 보냈다. 나 역시 동감이었지만 그때 사내가 다시 고개를 들고 말을 계속했기 때문에 우리는 눌러앉아 있을 수밖에 없었다. <274면>

위 예문은 사내가 안과 서술자에게 아내가 죽었음을 말하는 대목이다. '나'는 사내의 말을 듣고 반응을 하며 사내의 표정을 자세히 묘사한다. '사내'의 심리는 직접적으로 설명되는 대신에 그의 말과 표정을 통해서 나타난다. 사내의 마음은 이젠 슬프지도 않다는 얼굴로나, 고개를 떨구고 한참동안 무언지 입을 우물거리는 행동 등으로 묘사된다. 이 모든 모습은 서술자가 사내의 모습을 객관적인 거리를 두고 관찰한 것이다. 이처럼 서술자에 의해 사내의 모습이 보여 지고 서술되는 것은 인물에 대한 심리적인 거리감을 유지하며 관찰자의 입장에서 사내를 똑같이 관찰하게 만든다. 사내에 대해 거리감을 유지하던 서술자는 사내가 여관방에서 자살한 사실을 알고 감정적인 반응을 보이는데, 서술자가 보여주는 반응은 곧 독자의 반응으로 동일시되면서 독자 또한 사내에 대해 갖던 거리감을 무너뜨리게 된다.

<예시문 6>
"난 그 사람이 죽으리라는 걸 알고 있었습니다."안이 말했다.
"난 짐작도 못 했습니다"라고 나는 사실대로 얘기했다
"난 짐작하고 있었습니다." 그는 코트의 깃을 세우며 말했다. "그렇지만 어떻게 합니까?"
"그렇지요. 할 수 없지요. 난 짐작도 못 했는데……"내가 말했다.
"짐작했다고 하면 어떻게 하겠어요?" 그가 내게 물었다.

"씨팔것, 어떻게 합니까? 그 양반 우리더러 어떡하라는 건지……"
"그러게 말입니다. 혼자 놓아두면 죽지 않을 줄 알았습니다. 그게 내가 생각해본 최선의 그리고 유일한 방법이었습니다."
"난 그 양반이 죽으리라고는 짐작도 못했다니까요. 씨팔 것, 약을 호주머니에 넣고 다녔던 모양이군요." <223~224면>

'안'은 사내의 죽음을 짐작했지만 막지 못했다. 그러나 서술자 '나'는 '안'처럼 죽음을 예견하지 못했기 때문에 사내가 자살한 사실에 당황하는 반응을 보인다. 서술자가 사내에 대해 가졌던 거리감은 사내가 죽은 사실에 주관적인 반응과 심리를 보이면서 무너진다. '나'와 '안'은 사내가 계속해서 자신들을 잡을 때 과감히 뿌리치지 못하고 사내의 마음을 생각하며 사내 곁에 있어주었다. 이는 거리감이 점점 좁혀지는 양상을 띠는데 이는 간밤에 '안'이 각각 분리된 여관방에서 자자고 제의를 한 반면에 '나'는 사내를 생각해서 같은 방에서 자자고 제안한 모습으로 나타난다. 그러나 사내가 자살을 함으로써 서술자는 충격을 받고 약간의 배반감마저 느끼게 된다. 따라서 서술자가 사내에게 갖는 충격과 배반감은 독자 또한 서술자의 입장에서 사내가 죽은 사실을 받아들여 감정적인 거리감이 무너지게 되면서 감정의 동일시를 느끼는 것이다.

3) '안'과 '나'의 대화

<예시문 7>
그러자 이번엔 내가 어리둥절해질 사태가 벌어졌다. 안의 얼굴에 놀라운 기쁨이 빛나기 시작했기 때문이다. 그가 빠른 말씨로 얘기하기 시작했다.
"서대문 버스정거장에는 사람이 서른두 명 있는데 그 중 여자가 열일곱 명이었고, 어린애는 다섯 명 젊은이는 스물한 명 노인이 여섯 명입니다."
"그건 언제 일이지요?"

"아"하고 나는 잠깐 절망적인 기분이었다가 그 반작용인 듯 굉장히 기분이 좋아져서 털어놓기 시작했다.

"단성사 옆 골목의 첫 번째 쓰레기통에는 초콜릿 포장지가 두 장 있습니다."

"그건 언제?"

"지난 십사일 저녁 아홉시 현재입니다." <207면>

'안'과 '나'는 자신만이 아는 사실을 경쟁적으로 얘기하며, 이야기가 서로 통하는 것에 놀라움과 기쁨을 느끼며 서로에게 호기심을 느낀다. 그러나 이들의 대화는 객관적으로 볼 때 무의미한 말의 유희에 지나지 않는다. 이로써 '안'과 '나'는 젊은 나이임에도 삶에 어떤 의미를 찾지 못하고 고뇌하고 있음을 보여준다. 그러나 '안'은 자신이 밤에 '나'와 밤거리를 헤매는 것은 '낮에는 그저 스쳐지나가던 모든 것이 밤이 되면 자신의 시선 앞에 자기들의 벌거벗은 몸을 송두리째 드러내놓고 쩔쩔맨다는 말을 하며, 그런 사물을 바라보며 즐거워한다는 일이 의미가 있는 일'이라며 의미를 찾는 일에 고심해 있다는 것을 알 수 있다. 그러나 '안'이 어떤 의미를 찾기 위해서 밤마다 나와 방황을 하는가하면 서술자 '나'는 의미를 모른 체 무의미한 삶의 양식에 젖어 있는 삶의 형태를 띠고 있다.

이들의 관점의 차이는 '안'이 꿈틀거리는 것을 사랑하느냐? 고 '나'에게 물었을 때 '나'는 출근시간 만원 버스 속에 앉아 있는 여자의 아랫배가 조용히 오르내리는 것을 꿈틀거리는 것으로써 사랑한다고 대답하고, '안'은 데모를 꿈틀거리는 것으로 보며 그것을 사랑한다고 대답한다. '안'과 '나'가 현실적으로 느끼고 생각하는 인식에는 어떤 차이점이 있다.

그러나 '안'과 '나'는 자신만이 알고 있는 비밀을 경쟁적으로 말하면서 무의미한 말장난을 할 뿐 더 진지한 대화를 이루어내지 못한다. 이렇게 소설 전편에 걸쳐 많은 대화가 삽입됨으로써 직접적인 방식으로 장면이 제시되는데,

이는 대화라는 보여주기 기법을 통해서 인물들을 소개하는 관찰자적 시점에 의해 기술된 것이기 때문이다.

이와 같이 어떤 상황을 요약하거나 설명하지 않고 직접 대화로 재현하는 서술 기법은 생생한 현실감을 줄 수 있는 장점이 있다. 그러나 또한 이러한 대화의 형식으로 인물의 심리를 그리는 것은 주제와 관계가 있다. 현실의 무의미한 삶의 형식에서 그 어떤 진지한 심리나 설명은 불필요한 것일지도 모른다. 따라서 의미 있는 행동은 사라지고 말만이 남아있는 현실에서 이들이 보여줄 수 있는 것은 무의미한 말장난일수밖에 없는 것이다.

4. <霧津紀行>[12] 문체 분석

김승옥의 문체는 글의 분위기에 따라 진지하고 긴 윤택한 만연체 문장에서부터 한 문단, 한 토막 글을 읽어도 웃음이 나올 만큼 재치있는 문장 등 다양하다. 문체의 변화는 한편의 글안에서도 발견되는데, 한 단락의 진지한 분위기는 또 다른 분위기의 단어와 문장으로 변모되면서 다채로운 문체를 보여준다. 이것은 그의 문체가 일관되게 서술만 하거나 묘사만 하는 것이 아니라 서술과 묘사를 현장감 있게 생생하게 기술하기 때문에 만들어 질 수 있는 글의 형식이다.

작가마다 각자의 고유한 특징과 성격을 지니고 있는 문체를 분석함에 있어 문체의 특징을 결정짓는 여러 요소들을 분리해 낸다는 것은 쉬운 일이 아니다. 문체는 문장에서 따로 분리해 낼 수 없는 질적인 것이기 때문이다. 그러나 한 작가가 즐겨 사용하는 패턴을 여러 개의 방식으로 나누어 살펴보는 것은

---

12) 김승옥, <霧津紀行>, ≪김승옥 소설 전집 1≫, 문학동네, 1995.

문체를 분석하는 하나의 방법일 수 있다. 작가에게는 각각의 글에서 주제와 분위기마다 다른 어법과 어조의 글을 쓰더라도 그 작가만이 보여줄 수 있는 문체적 특성을 가지고 있기 때문이다. 한 작가의 문체적 특성을 이해한다는 것은 한 작가의 글쓰기 특성을 이해하는 것뿐만 아니라 그 작가가 쓰고자 하는 소설의 본질을 이해하는 데 중요한 방법일 수 있다.

1) 문장 구조 분석

(1) 낱말이나 문법 요소가 배열되고 어울리는 방식

<예시문 1>
　나의 무진에 대한 연상의 대부분은 나를 돌봐주고 있는 노인들에 대하여 신경질을 부리던 것과 골방 안에서의 공상과 불면(不眠)을 쫓아보려고 행하던 수음(手淫)과 곧잘 편도선을 붓게 하던 독한 담배꽁초와 우편배달부를 기다리던 초조함 따위거나 그것들에 관련된 어떤 행위들이었었다. 물론 그것들만 연상되었던 것은 아니다. 서울의 어느 거리에서고 나의 청각이 문득 외부로 향하면 무자비하게 쏟아져들어 오는 소음에 비틀거릴 때거나, 밤늦게 신당동(新堂洞) 집 앞의 포장된 골목을 자동차로 올라갈 때, 나는 물이 가득한 강물이 흐르고 잔디로 덮인 방죽이 시오리 밖의 바닷가까지 뻗어나가 있고 작은 숲이 있고 다리가 많고 골목이 많고 흙 담이 많고 높은 포플러가 에워싼 운동장을 가진 학교들이 있고 바닷가에서 주워온 까만 자갈이 깔린 뜰을 가진 사무소들이 있고 대로 만든 와상(臥床)이 밤거리에 나앉아 있는 시골을 생각했고 그것은 무진이었다. <128~129면>

　<霧津紀行>의 문장형식은 전체적으로 긴 만연체의 문장이다. 서술자인 '나'가 무진을 모습을 묘사하는 장면이나 과거의 시간을 상념하는 시간 등은 관념의 사변을 보여주듯 긴 열거식의 문장이 사용된다.

위의 <예시문 1>은 세 문장이 형성되어 한 단락을 이룬다. 먼저 문장 안에 쓰인 낱말의 형식을 살펴보면, <霧津紀行>이 화자의 고뇌와 사변적인 성향을 갖고 있는 것처럼 문장의 끝에는 화자의 내면적인 심리를 드러내는 신경질, 공상, 불면, 초조함 등의 단어들이 온다. 이는 긴 만연체의 문장이 단순히 화자의 생각만을 진술한 것에 그치지 않고 화자의 심리적 상태를 표현한다는 의미에서, 화자의 기나긴 상념과 마음의 고뇌 등을 표출한다고 할 수 있다. 화자의 내면적인 심리를 드러내는 낱말의 사용은 소설의 서사 자체가 화자의 심리와 내면성에 초점을 맞추고 있고, 내면적인 인식의 변화에 중심을 두고 있음을 뜻한다.

또한 화자가 서울의 어느 거리에서 무진을 떠올리기 까지, 무진을 회상하게 하는 문장이 10개가 된다. 이렇게 무진이 맨 마지막에 위치시키는 서술방식은 무진을 꾸며주는 단어들이 무진이란 단어를 모습을 환기시켜준다. 동시에 무진이 현실세계와는 다른 미궁 속의 복잡한 의미를 지닌 곳임을 상징한다. 그러나 10개의 문장은 위의 심리적인 상태가 아니라 무진의 구체적인 모습을 설명함으로써 화자의 심리와 무진의 모습이 상호작용 함으로써 그 의미를 획득하는 구조를 지니고 있음을 설명해준다.

(2) 서술 패턴

<예시문 2>
무진에 명산물이 없는게 아니다. 나는 그것이 무엇인지 알고 있다. 그것은 안개다. 아침에 잠자리에서 일어나서 밖으로 나오면, 밤 사이에 진주해 온 적군들처럼 안개가 무진을 뻥 둘러싸고 있는 것이었다. 무진을 둘러싸고 있는 산들도 안개에 의하여 보이지 않는 먼 곳으로 유배당해버리고 없었다. 안개는 마치 이승에 한(恨)이 있어서 매일 밤 찾아오는 여귀(女鬼)가 뿜어내놓은 입김과 같았다. 해가 떠오르고 바람이 바다 쪽에서 방향을 바꾸어 불어오기 전에는 사람들의 힘으로써는 그것을 헤쳐버릴 수가 없었다.

손으로 잡을 수 없으면서도 그것은 뚜렷이 존재했고 사람들을 둘러쌌고 먼 곳에 있는 것으로부터 사람들을 떼어놓았다. 안개, 무진의 안개, 무진의 아침에 사람들이 만나는 안개, 사람들로 하여금 해를, 바람을 간절히 부르게 하는 무진의 안개, 그것이 무진의 명산물이 아닐 수 있을까! <126면>

　　<예시문 2>는 비교적 짧고 간결한 문장으로 무진의 명산물인 안개를 설명하고 있다. 위의 서술 패턴을 살펴보면, 안개를 설명하기 위해, 화자는 '무진에 명산물이 없는 게 아니다.', '나는 그것이 무엇인지 알고 있다'와 같은 궁금증을 유발하는 문장을 사용한다. 또한 아침에 일어나 밖으로 나오면,' 안개가 진주해온 적군들처럼 무진을 뼁 둘러싸고 있는 것이었다' 라고 표현하듯 수사법을 사용하여 서술형식에 변화를 준다. 그리고 다시 안개가 이승에 한 (恨)이 있어서 찾아오는 여귀가 뿜어내놓은 입김과 같다는 연상을 나타내는 직유법을 사용하여 안개의 분위기를 환기시킨다. 또한 안개의 속성 중에 '바다 쪽에서 바람이 방향을 바꾸어 불어오기 전에는 사람의 힘으로써는 헤쳐버릴 수가 없었다' 고 표현하듯이, 화자가 무진에 와서 무진의 분위기에 빠져드는 것이 불가항력적인 것임을 은연중에 암시한다. 또한 '손으로 잡을 수 없으면서도 그것은 뚜렷이 존재했고 사람들을 둘러쌌고 먼 곳에 있는 것으로부터 사람들을 떼어놓았다.'고 반어법을 사용함으로 무진의 신비감을 더해준다. 마지막 문장인 '안개, 무진의 안개, 무진의 아침에 사람들이 만나는 안개, 사람들로 하여금 해를, 바람을 간절히 부르게 하는 무진의 안개, 그것이 무진의 명산물이 아닐 수 있을까!'는 첫 번째의 문장의 방식과 대조되는 형식으로 대구를 이룬다. 무진을 소개할 때 안개를 먼저 내세우고, 안개를 꾸며주는 말로 무진을 내세우고, 다음으로 무진의 아침에 사람들이 만나는 안개와 사람들로 하여금 해를, 바람을 간절히 부르게 하는 무진의 안개라고 서술함으로써, 무진에서 안개의 의미를 한층 더 강화하고 안개의 속성이 무진에서의 생

활과 밀접한 관련이 있음을 강조한다. 위의 단락은 무진을 설명하기 위해 다양한 서술의 패턴을 보여준다. 김승옥 소설문체가 다채로운 것은 한 단락에서도 이와 같이 서술의 형식에 다양한 변화를 보여주고 있기 때문이다.

(3) 심상적 표현 형식

<예시문 3>
　　버스는 무진 읍내로 들어서고 있었다. 기와지붕들도 양철지붕들도 초가지붕들도 유월 하순의 강렬한 햇볕을 받고 모두 은빛으로 번쩍이고 있었다. 철공소에서 들리는 쇠망치 두드리는 소리가 잠깐 버스로 달려들었다가 물러났다. 어디선가 분뇨 냄새가 새어 들어왔고 병원 앞을 지날 때는 크레졸 냄새가 났고 어느 상점의 스피커에서는 느려빠진 유행가가 흘러나왔다. 거리는 텅 비어 있었고 사람들은 처마 밑의 그늘에 쪼그리고 앉아 있었다. 어린아이들은 빨가벗고 기우뚱거리며 그늘 속을 걸어 다니고 있었다. 읍의 포장된 광장도 거의 텅 비어 있었다. 햇볕만이 눈부시게 그 광장 위에서 끓고 있었고 그 눈부신 햇살 속에서, 정적 속에서 개 두 마리가 혀를 빼물고 교미를 하고 있었다. <131면>

위의 <예시문 3>은 화자가 무진으로 들어가는 버스를 타고 가면서 무진의 모습을 묘사한 부분이다. 위의 단락은 무진의 정적인 모습을 동적인 심상으로 묘사한 것이다. 화자는 무진의 모습을 객관적으로 거리감을 갖고 그려냄으로써 대상 그 자체를 그려낸다. 따라서 어떤 주관성이 배제되고 무진의 객관적인 모습만이 전달될 뿐이다. 그러나 한 문장 문장이 감각적인 심상이 사용됨으로써 무진의 모습은 더욱 또렷한 인상으로 부각되어진다.

　　문장에서 다양한 심상의 변화가 주는 의미를 살펴보자

　　① 기와지붕들도 양철지붕들도 초가지붕들도 유월 하순의 강렬한 햇볕을

받고 모두 은빛으로 번쩍이고 있었다. : 시각적인 기와지붕, 양철지붕, 초가지붕은 지붕의 다양한 모습을 설명하며, 이 지붕들은 강렬한 햇볕을 받아 모두 은빛으로 시각적으로 번쩍이면서, 평범한 지붕이 일상적인 의미이상의 의미를 확보한다.

② 철공소에서 들리는 쇠망치 두드리는 소리가 잠깐 버스로 달려들었다가 물러났다. : 쇠망치 두드리는 소리를 철공소라는 상상력을 확대시키는 단어로 꾸며주는데, 쇠망치 두드리는 소리가 버스로 달려들었다가 물러나는 움직이는 생물로 표현되면서, 청각적인 심상과 활유법이 쇠망치 소리를 더욱 청명하게 환기시키는 역할을 한다.

③ 어디선지 분뇨 냄새가 새어 들어왔고 병원 앞을 지날 때는 크레졸 냄새가 났고 어느 상점의 스피커에서는 느려빠진 유행가가 흘러나왔다. : 버스 안으로 분뇨 냄새와 크레졸 냄새가 나는 후각적인 심상이 사용됨으로 무진이 주는 시골의 분위기를 환기시켜 주고, 여기에 느려빠진 유행가가 흘러나옴으로써 더욱 정적인 무진의 모습을 상기시킨다.

그 뒤에 나열된 문장들, 어린이들이 빨가벗고 걸어 다니는 모습이나 텅 비어 있는 읍의 포장된 광장, 정적 속에서 교미하는 개 두 마리는 모두 시각적으로 표현된 부분이나 무진의 무료함과 정적을 묘사하는 것에 집중되어 있다.

이와 같이 위의 단락은 시각, 청각, 후각적인 이미지와 활유법이 변모되며 사용되고 있다. 이러한 심상의 변화는 무진의 정적인 모습이 동적인 이미지로 절묘하게 합치되면서 무진의 분위기와 주제를 환기시킨다. 이와 같은 심상의 변화 문장은 작가의 사용하는 다채로운 표현방식중 하나이다.

2) 소설에 사용되는 문체 구성

(1) 대립적인 의미관계

<예시문 4>
전선이 북쪽으로 올라가고 대학이 강의를 시작했다는 소식이 들려왔을 때도 나는 무진의 골방 속에 숨어 있었다. 모두가 나의 홀어머님 때문이었다. 모두가 전쟁터로 몰려갈 때 나는 내 어머니에게 몰려서 골방 속에 숨어서 수음을 하고 있었다. 이웃집 젊은이의 전사통지가 오면 어머니는 내가 무사한 것을 기뻐했고, 이따금 일선의 친구에게서 군사우편이 오기라도 하면 나 몰래 그것을 찢어버리곤 하였었다. 내가 골방보다는 전선을 택하고 싶어해가는 것을 알고 있었기 때문이다. 그 무렵에 쓴 나의 일기장들은, 그 후에 태워버려서 지금은 없지만, 모두가 스스로를 모멸하고 오욕을 웃으며 견디는 내용들이었다. <130면>

화자는 무진이라는 장소와 동일시되면서 외적인 상황과 대립되어 혼란을 겪게 된다. 화자가 무진을 어둡고 혼란스러운 장소로 상기하는 것은 6·25 사변 때 어머니에게 몰려 군대에 지원하지 못하고 골방 속에 숨어 있는 부끄러운 경험을 했기 때문이다. <예시문 4>에서 화자는 모두가 전쟁터에 몰려갈 때, 골방 속에서 수음을 하며 일기를 쓰면서 스스로를 모멸하고 오욕을 웃으며 견디는 시간을 갖는다. 이러한 경험은 화자가 무진을 상기할 때 뭔가 뒤죽박죽이 되고 엉뚱한 생각을 하게 되는 것과 연관이 된다. 화자에게 무진은 골방에 숨어있던 어두운 경험으로 자신을 상실했던 초조함과 불안함을 상기시키는 곳이다. 따라서 화자는 무진에 들어와 미친 여자를 보면서 다시 자신의 어두운 기억을 상기하게 되고 하인숙과 잠을 자는 등 충동적인 행동을 하게 된다. 그러나 화자가 사랑하게 된 하인숙은 곧 화자의 분편으로 화자가 사랑해야 하는 자신의 어두운 부분이다. 화자는 무진에서 벗어나고 싶어 하고 무진의 어두운 기억을 떨쳐버리고 싶어 한다. 그러나 화자가 자신의 과거를 사랑하고 긍정하지 않으면 화자의 심리는 계속적으로 무진에 갇혀있게 마련이다. 무진은 화자의 심리를 드러냄과 동시에 자신이 사랑해야 할 과거의 모습을 상징한다고 할 수 있다. 따라서 화자는 아내의 전보를 받고 '한 번만 이 무진을, 안개를, 외롭게 미쳐가는 것을, 유행가를, 술집 여자의 자살을, 배반을, 무책임을 긍정하기로 하자'며 자신의 시간을 긍정하고자 하는 것이다.

(2) 반복이 주는 효과 : 점층적인 방법

<예시문 5>
여선생은 <목포의 눈물>을 부르고 있었다. <어떤 개인 날>과 <목포의 눈물> 사이에는 얼마큼의 유사성이 있을까? 무엇이 저 아리아들로써 길들여진 성대에서 유행가를 나오게 하고 있을까? 그 여자가 부르는 <목포의 눈물>에는 작부들이 부르는 그것에서 들을 수 있는 것과 같은 꺾임이 없었고, 대체로 유행가를 살려주는 목소리의 갈라짐이 없었고 흔히 유행가가 내용으로 하는 청승맞음이 없었다. 그 여자의 <목포의 눈물>은 이미 유행가가 아니었다. 그렇다고 <나비부인>중의 아리아는 더욱 아니었다. 그것은 이전에는 없었던 어떤 새로운 양식의 노래였다. 그 양식은 유행가가 내용으로 하는 청승맞음과는 다른, 좀더 무자비한 청승맞음을 포함하고 있었고 <어떤 개인 날>의 그 절규보다도 훨씬 높은 옥타브의 절규를 포함하고 있었고, 그 양식에는 머리를 풀어헤친 광녀(狂女)의 냉소가 스며 있었고 무엇보다도 시체가 썩어가는 듯한 무진의 그 냄새가 스며 있었다. <137면>

위의 <예시문 5>는 하인숙이 화자의 친구 '조'의 요구로 <목포의 눈물>을 부르고 있는 장면이다. 여선생은 성악을 전공하고 졸업연주회 땐 <나비부인> 중에서 <어떤 개인 날>을 불렀지만, 무진에선 사람들의 요구에 따라 유행가를 부른다. 따라서 하인숙은 화자와 마찬가지로 무진의 생활을 무료해하고 이곳에서 벗어나기를 바라게 된다. 하인숙이 부르는 노래에는 유행가의 꺾임이 없고, 유행가를 살려주는 갈라짐이 없음으로 인해 유행가가 아닌 것처럼 들렸고, 아리아의 형식도 아닌 어떤 새로운 양식의 노래였다. 그 양식은 무자비한 청승맞음을 포함하며, 절규보다도 훨씬 높은 옥타브의 절규를 포함해, 광녀의 냉소까지 스며 있었고, 시체가 썩어가는 듯한 무진의 그 냄새가 스며있는 것으로 극단적으로 의미의 강화를 이룬다. 하인숙은 곧 화자의 분편적 의미로 화자의 내면적 정황을 상징적으로 보여준다. 따라서 하인숙의 노래에 사용된 점층법적 의미는 무진에 대한 화자의 절망적인 심리를 상징한 것이라 할 수 있다.

(3) 중심문장과 보조문장 구성방식

　<예시문 6>
　이 바닷가에서 보낸 일 년. 그때 내가 쓴 모든 편지들 속에서 사람들은 '쓸쓸하다'라는 단어를 쉽게 발견할 수 있었다. 그 단어는 다소 천박하고 이제는 사람의 가슴에 호소해오는 능력도 거의 상실해버린 사어(死語) 같은 것이지만 그러나 그 무렵의 내게는 그 말밖에 써야 할 말이 없는 것처럼 생각되었었다. 아침의 백사장을 거니는 산보에서 느끼는 시간의 지루함과 낮잠에서 깨어나서 식은땀이 줄줄 흐르는 이마를 손바닥으로 닦으며 느끼는 허전함과 깊은 밤에 악몽으로부터 깨어나서 쿵쿵 소리를 내며 급하게 뛰고 있는 심장을 한 손으로 누르며 밤바다의 그 애처로운 울음소리에 귀를 기울이고 있을 때의 안타까움, 그런 것들이 굴 껍데기처럼 다닥다닥 붙어서 떨어질 줄 모르는 나의 생활을 나는 '쓸쓸하다'라는, 지금 생각하면 허깨비 같은 단어 하나로 대신 시켰던 것이다. <148면>

위의 <예시문 6>의 핵심문장은 화자의 어머니가 세상을 떠난 뒤에 바닷가에서 보낸 일 년의 시간동안 화자가 경험한 마음을 서술한 부분이다. 위의 단락은 화자의 심리가 쓸쓸하다는 것을 나타낸다. 먼저 중심문장은 단락의 두 번째 문장인 '그때 내가 쓴 모든 편지들 속에서 사람들은 '쓸쓸하다'라는 단어를 쉽게 발견할 수 있었다'이다. 중심문장의 형식은 '쓸쓸하다'라는 의미를 강하게 보여주기 위해서, '쓸쓸하다' 앞에 '그때 내가 쓴 모든 편지들 속에서'라는 부사구를 주어 앞으로 도치시키면서 문장의 변화를 시도한다. 또한 주어 뒤에 바로 '쓸쓸하다'라는 서술어가 나옴으로 화자의 쓸쓸한 내면 심리는 좀 더 인상적으로 다가온다. 그 뒤에 오는 문장은 화자의 쓸쓸한 심리를 부연 설명하는 보조문장이라 할 수 있다. 첫 번째 보조문장은 '쓸쓸하다'라는 단어가 주는 의미를 일반적으로 설명하다가, '그 무렵의 내게는 그 말밖에 써야 할 말이 없는 것처럼 생각되었었다.'라고 말해 쓸쓸하다는 보편적인 의미에 개인적인 특수한 의미를 덧붙이면서 화자의 심리가 절대적으로 쓸쓸했다는 것을 설명해준다. 다음의 보조문장은 쓸쓸함이라는 단어가 주는 화자의 심리를 구체적인 상황으로 나열하면서 관념적으로 빠질 수 있는 문장구성을 균형감 있게 유지한다.

3) 표현방식

(1) 대상에 대한 거리감각

　　<예시문 7>
　　아내의 전보가 무진에 와서 내가 한 모든 행동과 사고를 내게 점점 명료하게 드러내 보여주었다. 모든 것이 선입관 때문이었다. 결국 아내의 전보는 그렇게 얘기하고 있었다. 나는 아니라고 고개를 저었다. 모든 것이, 흔히 여행자에게 주어지는 그 자유 때문이라고 아내의 전보는 말하고 있었다. 나는 아니라고 고개를 저었다. 모든 것이 세월에 의하여 내 마음속에서 잊혀질 수 있다고 전보는 말하고 있었다. 그러나 상처가 남는다고, 나는 고개를 저었다. 오랫동안 우리는 다투었다. 그래서 전보와 나는 타협안을 만

들었다. 한 번만, 마지막으로 한 번만 이 무진을, 안개를, 외롭게 미쳐가는 것을, 유행가를, 술집 여자의 자살을, 배반을, 무책임을 긍정하기로 하자. 마지막으로 한 번만이다. 꼭 한번만. 그리고 나는 내게 주어진 한정된 책임 속에서만 살기로 약속한다. 전보여, 새끼손가락을 내밀어라. 나는 거기에 내 새끼손가락을 걸어서 약속한다. 우리는 약속했다. <152면>

위의 <예시문 7>은 급하게 서울에 올라오라는 아내의 전보를 받으면서 무진에서의 자신의 모습을 성찰하는 장면이다. 화자는 아내의 전보를 받고 무진에서의 자신과 서울에서의 자신의 사이에서 갈등한다. 서울에서 온 전보는 무진에 있는 나와 서울에 있는 나를 각인시키며 서울에 있는 나로 돌아오기를 종용한다. 전보는 곧 무진이란 장소와 대립적인 의미를 띠며 살아있는 생명체처럼 얘기하고 반응한다. 전보는 화자가 무진의 나와 서울의 나 사이에 갈등하고 있는 상태를 매개체로 드러낸 것이다. 서울에서의 나는 아내와 같이 무진은 일시적인 곳으로 마음속에서 잊혀질 수 있는 곳이라고 치부한다. 그러나 화자는 이러한 생각에 고개를 저으면서 무진에 대해 반발하고 저항하는 대신 무진에서의 시간과 경험을 긍정하고자 한다. 화자의 갈등은 전보와 서울의 나와 무진의 나 사이에 타협안을 만들면서 해결을 한다. 서울의 나와 무진의 나는 결코 하나가 될 수 없기 때문에 화자는 타협을 하면서 한번만 무진의 시간을 긍정하기로 결정한 것이다. 화자는 무진이 상징하는 자신의 안타까운 과거와 혼란스러움을 자신의 일부로 받아들이지만 그곳과 완전히 하나 될 수 없다는 것을 안다. 무진은 화자가 벗어나고 싶은 곳이지만 어쩔 수 없이 받아들여야 하는 자신의 일부이기 때문이다. 무진과의 타협은 자신의 과거를 인정하는 진실이 될 수 있다. 하지만 서울의 나로 돌아가야 하는 시점에서 무진의 나는 스스로에 대해 힘겹게 긍정을 하지만 곧 지워내야 하는 과거라는 아이러니를 내포한다.

(2) 감각적인 문체와 대상과의 거리감

<예시문 8>

우리는 논 곁을 지나가고 있었다. 언젠가 여름 밤, 멀고 가까운 논에서 들려오는 개구리들의 울음소리를, 마치 수많은 비단조개 껍질을 한꺼번에 맞부빌 때 나는 듯한 소리를 듣고 있을 때 나는 그 개구리 울음소리들이 나의 감각 속에서 반짝이고 있는 수없이 많은 별들로 바뀌어져 있는 것을 느끼곤 했었다. 청각의 이미지가 시각의 이미지로 바뀌어지는 이상한 현상이 나의 감각 속에서 일어나곤 했었던 것이다. 개구리 울음 소리가 반짝이는 별들이라고 느낀 나의 감각은 왜 그렇게 뒤죽박죽이었을까. 그렇지만 밤하늘에서 쏟아질 듯이 반짝이고 있는 별들을 보고 개구리의 울음소리가 귀에 들려오는 듯했었던 것은 아니다. 별들을 보고 있으면 나는 나와 어느 별과 그리고 그 별과 또 다른 별들 사이의 안타까운 거리가, 과학책에서 배운 바로써가 아니라, 마치 나의 눈이 점점 정확해져가고 있는 듯이 나의 시력에 뚜렷이 보여오는 것이었다. 나는 그 도달할 길 없는 거리를 보는 데 홀려서 멍하니 서 있다가 그 순간 속에서 그대로 가슴이 터져버리는 것 같았었다. 왜 그렇게 못 견디어했을까. 별이 무수히 반짝이는 밤하늘을 보고 있던 옛날 나는 왜 그렇게 분해서 못 견디어 했을까. <140면>

위의 <예시문 8>은 다양한 심상적 표현과 의성어, 의태어 사용으로 독특한 감각을 환기시킨다. 위의 문장에서 개구리들의 울음소리를 수많은 비단조개 껍질을 한꺼번에 맞부빌 때 나는 듯한 소리로 비유되고, 다시 개구리 소리가 나의 감각 속에서 반짝이고 있는 수없이 많은 별들로 바뀌어 진다. 이는 직유법과 청각적인 심상과 연상 작용이 상상력을 극대화시키며 문장의 감각성을 배가시킨다. 이는 소설에 쓰인 문장처럼 청각의 이미지를 시각의 이미지로 바꾼 표현인데, 이러한 표현은 다시 별과의 거리감으로 안타까워하던 주인공의 심리와 연결되면서 의미를 더욱 확보한다. 화자는 별들을 보고 있으면 안타까운 거리감을 경험하며 못 견뎌했다고 한다. 개구리 울음소리에서 시작된 감각은 비단조개 껍질을 연상시키고 별들을 연상시키다가 별들과 하나 되지 못하는 거리감을 인식시키면서 대상과 하나 될 수 없는 자아를 발견하게 한다. 결국 화자가 사물에서 느끼는 것은 안타까운 거리감이다. 이러한 거리감은 사물을 감각적으로 표현하면서 그 심리를 함께 서술해줌으로써 화자의 심리가 더 안타깝고 절실하게 보이게 한다.

(3) 수사법이 주는 의도와 효과

<예시문 9>
그 바람 속에는 신선한 햇살과 아직 사람들의 땀에 밴 살갗을 스쳐보지 않았다는 천진스러운 저온(低溫) 그리고 지금 버스가 달리고 있는 길을 에워싸며 버스를 향하여 달려오고 있는 산줄기의 저편에 바다가 있다는 것을 알리는 소금기, 그런 것들이 이상스레 한데 어울리면서 녹아 있었다. 햇빛의 신선한 밝음과 살갗에 탄력을 주는 정도의 공기의 저온, 그리고 해풍에 섞여 있는 정도의 소금기, 이 세 가지만 합성해서 수면제를 만들어낼 수 있다면 그것은 이 지상에 있는 모든 약방의 진열장 안에 있는 어떠한 약보다도 가장 상쾌한 약이 될 것이고 그리고 나는 이 세계에서 가장 돈 잘 버는 제약회사의 전무님이 될 것이다. 왜냐하면 사람들은 누구나 조용히 잠들고 싶어 하고 조용히 잠든다는 것은 상쾌한 일이기 때문이다. <127면>

위의 <예시문 9>는 화자가 무진으로 들어가는 버스 속에서 자연으로 구성된 수면제를 만드는 상상을 하는 장면이다. 위에 문장에서는 다양한 수사법이 진행된다. 공기를 의인법으로 표현한 '천진스러운 저온', '버스를 향하여 달려오고 있는 산줄기'등은 자연의 모습을 더욱 가깝게 느끼게 하고 친근하게 만들어준다. 또한 '햇빛의 신선한 밝음과 살갗에 탄력을 주는 정도의 공기의 저온, 해풍에 섞여 있는 정도의 소금기'가 합성해서 수면제를 만들고 싶다는 표현은 감각적인 표현으로 상쾌하고 편안한 느낌을 준다. 그러나 화자는 이러한 약을 통해 '이 세계에서 가장 돈 잘 버는 제약회사의 전무님이 될 것이다'라는 말을 함으로써 자연을 비롯한 사물의 세계와 하나 되지 못하는 거리감을 상기시키며 전체적인 주제에 균형을 잃지 않고 기여하는 역할을 한다.

5. 비평의 실제

【김승옥 소설 사회학적 읽기】
− 사회압력과 사회의식을 중심으로

(1) 연구목적

현대인은 스스로가 자기 자신의 주체가 아니라 낯선 힘의 객체로 전락해 가고 있다. 따라서 현대사회는 사회 구성원들의 의지와 표상으로서의 세계가 아니라 낯선 힘의 세계가 되고 있다.

20c 초 실존주의자들이 고민했던 문제는 바로 급속한 사회분화 속에서 개인이 맡게 되는 역할과 그로 말미암은 개인 정체성 상실의 문제였다. 그러나 그들은 인간성 상실과 자유의 억압, 그리고 시스템 부품으로 인간의 전락 등 소외를 현상적으로 묘사할 뿐이다. 그들은 소외의 원인에 접근하지 못하였고 사회적 억압의 실체를 드러내지 못하였다. 즉, 인간성 상실과 인간 자유의 상실을 훨씬 넘어서 있는 문제, 현대 사회의 현대사회시스템, 현대인들을 움직이고 있는 확대재생산율[13]이 무한대로 가능하지 않다는 사실을 밝혀내지 못하였다.[14] 이러한 점에 착안하여 본 논문은 현대사회를 움직이고 있는 현대

---

13) 확대 재생산율의 사회 압력은 매년 확대재생산율의 사회 압력으로 작용하지만 확대재생산율은 누진적으로 축적되고, 그 누진적으로 축적된 확대재생산율은 누진된 사회 압력으로 사회구성원들에게 작용한다. 이러한 구조는 평균적으로 평균인 확대재생산율에 도달하기 어렵게 만든다. 이홍균, 《소외의 사회학》, 한울아카데미, 2004, 132면.

사회의 시스템과 그것으로 인해 소외되고 타협하는 개인의 변모되는 모습을 밝히고자 한다.

한 사회 또는 집단의 구성원들이 그러한 변화를 의식하든 못하든, 그것은 이미 그 사회 또는 집단의 것이며, 구성원들은 그들의 구체적 삶을 통해 변화를 이끌거나 변화에 적응하거나 변화에 저항하며 살아가야 한다. 이와 같은 집단의 의식구조 또는 정서구조가 작가에 의해 매개됨으로써 문학작품이 형성된다.[15]

현대 사회의 시스템과 개인적 관계는, 문학작품에서 인물이 살아가는 사회와 그 사회에서 살아나가는 개인의 관계 양상으로 나타난다.

그러나 문학적 의미를 고찰할 때 이 같은 직접적인 외적인 사건과의 관계를 본질로 다룬다면 문학적 연구 의미가 사라질 우려가 있다. 문학과 시대적 의미는 쉽게 발견되지 않는 내적인 것이기 때문이다. 문학은 사회가 지니고 있는 여러 문제가 작가의 의식 또는 정신세계를 통해 여과되고 승화되는 방식으로 존재한다. 이러한 관점에서 문학과 사회의 관계를 이어주는 비평 방법은 소설 사회학이라 할 수 있다.

소설 사회학 이론에서 소설의 구조는 사회집단의 의식을 둘러싼 사회 구조와 깊은 상동성을 가지고 있다. 그러나 집단적 이데올로기와 위대한 개인(작가)에 의한 문학적 창조 사이의 관계는 내용의 일치에 있는 것이 아니라 보다 수준 높은 응집성에, 또 구조의 상사성에 있다고 할 수 있다. 이때의 의식이란 역동적인 리얼리티로서 생각되어져야 하는 것으로 일정한 평형상태를 지향한다.[16] 따라서 사회구조와 연관시켜 인물의 개인의식과 사회의식을 고찰하

---

14) 앞의 책, 61~62면.

15) 류양선, <김승옥의 소설 세계 또는 '서울, 1964년 겨울에 유폐된 영혼>, ≪작가연구≫ 제6집, 새미, 1998,15면.

16) 조남현, ≪소설원론≫, 고려원, 1993, 338면.

는 것은 그 사회의 진정한 모습을 규명하는 데에 도움을 준다.

사회 구조적 폐단이 큰 사회일수록 개인과 사회는 첨예하게 대립된다. 그러므로 소설을 분석할 때 한 개인이 획득하는 개인의식과 사회의식은 그 사회의 구조적 문제를 드러낸다.

그러나 소설에서 진정한 가치는 윤리적인 성격을 띠고 있는 소설가의 의식 속에서 추상적이며 개념적인 형태로만 존재할 뿐이다. 이 때, 소설가의 의식 속에 있는 추상적이며 윤리적인 것을 작품의 본질적인 요소로 만드는 것은 바로 소설 인물을 통해서이다. 사회구조적으로 타락한 사회에서 주인공은 상반되는 진정한 가치를 추구함에 있어서 사회를 직접적으로 공격하는 이른바 수직적 초월을 추구하지 않고, 그 사회에 허용되는 간접적 양식으로 추구한다.[17] 따라서 인물들의 가치추구 방식과 사회와의 특이한 관계는 사회구조적 문제를 밝혀내고 그 실상을 비판하게 한다. 소설 인물에 대한 분석은 작품에 나타난 그 시대의 사회구조적 문제와 작가가 지니고 있는 사회의식을 함께 통찰할 수 있게 한다.

(2) 기존논의 검토 및 연구방법

김승옥은 감수성의 혁명[18]이라는 미명아래 새로운 문장과 탄탄한 구성으로 1960년대를 화려하게 장식한 작가이다. 그의 작품을 논할 때 60년대 작가라는 칭호가 붙는 것은 그가 대학에 입학하던 해인 1960년에 4·19를 직접 체

---

17) 골드만의 소설 정의에 따르면, '주인공의 타락된 방식은 주로 간접화 현상, 즉 진정한 가치가 비표면적인 차원으로 환원되어 버림으로써 사라져 버리는 현상으로 나타난다. 그런 점에서 소설의 주인공은 진정한 가치를 추구한다는 면에서는 타락한 사회와 대립되며, 타락의 방식으로 가치를 추구한다는 면에서는 타락한 사회와 똑같이 타락되어 있다. 즉 소설의 주인공은 사회와의 대립과 동질성이란 이중적인 관계를 맺고 있는 셈이다.' 이선영, ≪문학비평의 방법과 실제≫, 삼지원. 1983, 71면

18) 유종호, <감수성의 혁명>, ≪비순수의 선언≫, 민음사, 424면 이하 참고, 1995.

험했다는 것, 대학 재학 중에 1950년대 문학의 성과를 훌쩍 뛰어넘는 작품들을 발표했다는 것, 그의 작품 대부분이 60년대에 쓰여 졌기 때문이다. 따라서 김승옥의 작품세계를 규명하기 위해선 60년대 문학이란 무엇이며, 그것이 4·19와 어떻게 관계 맺고 있는가를 규명하는 것이 전제된다.

그러나 김승옥은 많은 평론에서 문학의 관심을 사회 전반의 개조와 역사의 흐름 전체의 파악으로부터 '개인의 발견'으로 회전시킨 작가[19]로 논의되었다. 이와 함께 김승옥은 내성적, 실험적 창작 기법을 과감하게 도입한 모더니즘 경향에 서 있는 부류[20]로 보기도 하고, 김승옥 소설을 역사적 현상을 현실의 중심부에서 포착하여 그 상황의 구체적인 모습을 묘사한 것이 아니라, 충격의 본질적 요소들을 걸러 내어 작가의 의식 속에서 상상으로 재조립했다고 보며, 엄격한 의미에서 리얼리즘과 차이가 있다[21]고 본 논의도 있다.

이처럼 김승옥 소설은 여러 논자에 의해 사회적 작가 의식의 결여와 총체적 전망의 결여를 지닌 작가로 모아져 왔다. 즉, 김승옥 소설이 지닌 감각적인 문체, 언어의 조응력, 배경과 인물의 적절한 배치, 소설적 완결성 등으로 작가적 미덕을 높이 평가하면서도 사회 구조의 모순에서 개인과 사회, 존재와 당위에 대한 주체성 부재의 미학을 지닌 작가로 평가된 것이다.

김승옥 소설은 많은 평론과 논문으로 논의되어왔지만 대부분의 논의는 작품 속에 나타난 현상적인 의미를 규명하는 데 그쳤다. 대부분의 평자들이 김승옥 소설 인물을 소극적인 사회의식을 갖는 인물로 그려냄으로써, 근본적인 사회구조로 인해 생겨나는 문제의식을 찾지 못하고 현상으로 나타난 문제점에 대해 논의했기 때문이다. 그러나 소설은 작가가 속한 한 시대의 '사회적 생

---

19) 金治洙, ≪韓國小說의 空間≫, 열화당, 1976, 501면.
20) 윤병노, <새세대의 충격과 60년대 소설>, ≪한국 현대문학사≫, 김윤식 外, 현대문학, 1989.
21) 정과리, <유혹, 그리고 공포 : 김승옥론>, ≪문학, 존재의 변증법≫, 문학과 지성사, 1985.

산물'로서 작가가 속한 사회 집단의 총체적 의식과 깊이 결부되어 있다.

따라서 김승옥 소설도 작가가 속한 사회집단의 총체적 의식이 깊이 결부되어 있다고 생각한다. 비록 김승옥 소설에 급격한 사회의식이 드러나 있지 않는 것처럼 보일지라도, 한 사회를 마주대하는 인물들의 인식론적 전화, 급격하거나 완만한 정서상의 상승 또는 하강, 삶의 질의 미세하면서도 다양한 굴절 등은 한 사회를 살아나가는 개인의식과 사회의식을 충분히 드러낸다.

60년대는 한국 사회에서 사회학적 현상이라 할 만한 현상들, 예컨대 도시화, 농촌문제, 가족의 변화, 가치관의 변모, 관료제의 강화, 국가적 통제와 동원, 언론매체의 문제, 계층의 분화, 빈곤 문제 등이 매우 빠른 속도로 부각되던 시기였다. 해방 후 한국사회변동의 특징으로 변화속도를 지적하는 경우가 많은데 60년대야말로 이러한 급속한 변화가 모든 사람들의 일상생활 속에서 경험되고 실현되던 때였다. 사회구조적인 변화가 두드러졌던 이 시기에 사회학적 논의와 쟁점들이 더욱 진지해지고 실천적 문제의식을 요구받게 되는 것은 당연한 일이었다고 할 것이다.[22] 그의 소설은 60년대라는 시대적 상황을 바탕으로 인간의 세계의 부조리함을 섬세하게 보여주고 있다.

본 논문은 김승옥 소설을 사회 구조와의 관점에서 작품을 논의했다. 방법론으로 소설의 형식과 사회 현실을 반영이 아닌 상동관계로 바라보는 골드만 비평방법이 시대적의식과 관련하여 작품 속 인물들의 의식구조를 해명하는 데 적합하다고 생각하여 그 방법을 원용할 것이다.

논의의 중심은 김승옥 소설 중 아직 사회적 힘을 갖추지 못한 소년에게 일어나는 사회적 폭력과 그 앞에서 적응해가는 소년의 모습을 통해 시대적·사회적 폭력이 한 개인에게 어떠한 영향을 끼치는가를 조명하여, 시대적, 사회적 힘이 어떻게 개인의 의식을 변화시키는지 살펴볼 것이다.

---

22) 이화 여자대학교 한국문화연구원 편, ≪사회학 연구 50년≫, 한국학술사 총서6, 혜안출판, 2004, 73~74면.

이러한 의도에 맞게 선택한 작품은 <염소는 힘이 세다>[23]와 <무진기행>[24]이다. <염소는 힘이 세다>는 세계와의 대결의식이 비교적 선명하게 드러난 작품으로서 소년기에 겪게 되는 사회화 과정을 통해 김승옥 소설에 나타난 개인의식과 사회의식을 규명할 수 있게 한다. 또한 <무진기행>의 성공한 화자 '나'는 성공한 자리에서 자신의 길을 반추하는 과정에서 개인이 추구하는 왜곡된 가치와 왜곡된 가치를 조장하는 사회적 분위기를 드러낸다.

이렇게 사회 압력 앞에 대응하는 인물의 행동과 의식구조를 살펴보는 것은, 소설 구조 속에 반영된 사회의 구조적 모순을 살필 수 있게 한다. 또한 작품 속 인물들이 추구하는 가치와 그것을 추구하는 방식을 논의하는 과정에서 개인의 삶에 영향을 미치는 사회구조적 힘의 실체를 윤리적으로 규명할 수 있게 한다. 이러한 논의는 소년기를 거쳐 성년으로 이어지는 개인의 자아의식과 사회의식을 함께 조명함으로써 60년대에 고착된 사회구조적 문제와 그 실체가 한 개인에게 어떠한 영향을 끼치는지 그 진실을 재조명할 수 있게 한다.

또한 <무진기행>과 <염소는 힘이 세다>앞장에서 이미 서사방식과 문체방식을 검토했으므로 서사 구도가 비교적 간명하게 드러났기 때문에, 소설이 담보하고 있는 서사적 과정에서 60년대가 안고 있는 사회적 분위기와 사회의식을 찾아낸다면, 작가가 추구하는 사회의식과 세계의식을 이해할 수 있으리라 생각한다.

---

23) 김승옥, <염소는 힘이 세다>, ≪김승옥 소설 전집≫ 제 1권, 문학동네, 2002.
24) 김승옥, <무진기행>, ≪김승옥 소설 전집≫ 제 1권, 문학동네, 2002.

(3.1) <염소는 힘이 세다>에 나타난 사회의식

(3.1.1) '힘'의 획득과 '나'의 불안

사회 압력이 사회 구성원들에게 작용하면 사회구성원들은 자기 자신을 잃어버리게 될 뿐 아니라, 자신의 판단이나 자신의 의지에 따른 행동이 아니라 사회 압력에 따라 행동한다. 알렌 투렌에 의하면 자아는 주관적 자아와 객관적 자아의 두 부분으로 구성되어 있다. 객관적 자아가 사회적 관계나 사회 압력에 의하여 형성된 자아의 한 부분이라고 한다면 주관적 자아는 사회에 의하여 영향을 받지 않는 개인 고유의 영역으로 설정하고 있다. 사회 압력이 투입되어 있는 부분은 객관적 자아의 일부분이다. 그 사회 압력이 사회구성원의 자아의 일부분이 자리 잡고 있는 것이다. 사회 구성원의 객관적 자아에 사회 압력이 투입되었다면, 사회 구성원은 더 이상 스스로 자기 자신의 행위의 주체가 아니고 객체로 전락한다.[25]

<염소는 힘이 세다>의 주인공 '나'는 12살 난 소년으로 아직 사회의 왜곡된 모습을 경험하지 못한 주관적 자아가 강한 상태이다. 소년은 가난이라는 경제적 어려움에 봉착해 그 가난을 극복하는 과정에서 사회화라는 내면화 과정을 거치지 않고 사회 압력에 의해 객관적 자아를 획득하게 된다. 이 과정에서 소년의 주관적 자아는 사회구조에서 소외된다.[26]

불우한 환경에서 자란 소년은 힘이 세어지고 싶은 욕망을 지니고 있다. 그러나 소년 자신을 비롯한 소년의 가족에겐 힘센 것이 하나도 없다. 이 때, 소년은 홍수에 떠내려 온 염소 한 마리를 발견한다. 소년은 힘이 없는 자신에게

---

25) 이홍균, 앞의 책, 118면.

26) 사회화 과정에는 주관적 자아에 의한 거름작용이 전제되지 않는 사회화를 사회 압력에 의한 사회화라고 한다. 사회의 영향이 사회구성원들 보다 정확하게는 주관적 자아가 의식하지 못하는 사이에 일어나는 사회화의 과정이 그것이다. 이 사회화의 과정은 내면에 의한 사회화와는 확연히 구별되는 투입에 의한 사회화이다. 앞의 책, 122~123면.

염소가 옴으로써 염소로 인해 힘이 세어질 수 있고, 자신의 가족 모두가 힘이 세어질 수 있다고 생각한다. 염소로 인해 소년은 가난한 환경을 쉽게 탈출할 수 있다고 생각한다.

그러나 소년은 염소를 주워온 이후로 염소를 처음 얻던 때의 홍수가 나는 꿈을 자주 꾼다. 자신이 갖고 싶은 힘을 얻은 소년이 자주 홍수가 나는 꿈을 꾸는 것은 염소를 빼앗겨 다시 힘을 잃게 될까봐 불안하기 때문이다. 사회적 구조로 인해 파생된 사회 문제를 해결하기에 한 개인의 힘은 무력할 수밖에 없다. 또한 사회적 능력을 갖추지 못한 소년이 그러한 사회 구조적 문제를 해결하는 것은 역부족이다. 따라서 소년의 불안함은 홍수가 나는 꿈을 자주 꾸는 것으로 나타난다. 소년의 불안한 마음은 염소의 죽음으로 가시화된다.

> 염소는 힘이 세다. 그러나 염소는 오늘 아침에 죽었다. 이제 우리 집엔 힘센 것은 하나도 없다. 나는 때때로 홍수(洪水)의 꿈을 꾼다. 오늘 아침에도 나는 홍수의 꿈을 꾸었다. 황토 빛 강물이 부글부글 끓듯이 거품을 일으키고 무서운 소리를 내며 빠르게 흐르고 있었다. 나는 강변에 있는 마을의 폐허 위에 서 있었다. 간밤의 폭우(暴雨) 때문에 집들은 더러운 판자더미가 되어 있었고, 강물이 흐르며 내는 소리—나는 그 소리로부터 도망치려고 몸을 돌렸다. 그때 판자더미 속에서 <매애애—>하는 염소의 울음소리가 약하게 들려 왔다. 나는 판자더미를 헤쳤다. 하얀 털을 가진 염소새끼 한 마리가 그 속에 있었다. 나는 그놈을 가슴에 안았다. 새끼염소에 정신이 팔려 있는 동안은 내 귀에 들리지 않던 무서운 강물 소리가 내가 그놈을 가슴에 안고, 어디서 이놈의 임자가 나타나지 않을까, 하고 사방을 두리번거리는 동안에 다시, 나를 휩쓸어 갈 듯이 달려들었다. 나는 새끼염소를 안은 채 도망쳤다.[27]

위의 예문에서 소년은 '오늘 아침에도 그 홍수의 꿈을 꾸었다.'고 했다. 홍

---

27) 김승옥, <염소는 힘이 세다>, 《김승옥 소설 전집제 1권》, 문학동네, 2002, 243~244면.

수는 황토 빛 강물이 부글부글 끓듯 거품을 일으키고 무서운 소리를 내며 **빠**르게 흐르는 무서운 것으로 나타난다. 홍수는 소년이 생각하는 세상의 모습을 상징한다. 홍수가 난 뒤 소년은 강변에 있는 마을의 폐허 위에 서있고, 간밤의 폭우로 집들이 더러운 판자더미가 된 것을 바라본다. 이러한 광경은 소년의 집뿐만 아니라 마을전체를 폐허로 만들어 버린 전체 사회구조의 폭력을 드러냄과 동시에, 그 앞에 무력하게 노출되어 있는 소년의 심리상태를 드러낸 것이다.

소년은 꿈속에서 마을의 폐허 위에서 강물이 흐르는 소리를 듣는데, 그 소리는 음악이나 사람의 울음소리와는 다르게 생명과 의지를 가진 괴물처럼 결코 끝날 수 있는 소리가 아니다. 강물로 표상 되는 세상의 폭력은 결코 쉽게 그쳐질 수 없을 것을 상징한다. 따라서 소년과 소년의 가정에 일어나는 현실적인 가난의 문제와 그에 따르는 사건들 또한 결코 소년의 편일 수 없다는 것을 드러내준다. 세상의 폭력을 상징하는 강물에 대한 불안한 의식은 비에 젖은 판자더미가 덜덜덜 떨리는 모습으로 나타난다. 실제로 판자더미가 강물소리에 덜덜덜 떨 수는 없다. 따라서 판자더미가 떨리는 것은 소년의 마음이 홍수에 쓸려갈 판자더미로 전이되면서 다시 힘이 약해 질것을 두려워하는 심리를 드러낸 것이다. 두려움에 질린 소년은 그 소리로부터 자신의 마을을 폐허로 만들어버린 홍수 앞에서 무력한 모습을 드러내며 도망해버리고 싶어 한다. 이는 힘이 없는 소년이 주위의 환경을 쉽게 극복할 수 없는 약자이며 동시에 자신이 얻은 힘 또한 가변적인 것일 수밖에 없다는 것을 무의식적으로 드러낸 것이라 할 수 있다.

소년의 불안해하는 모습은 짧은 순간 염소새끼 한 마리를 주워 가슴에 안고 무서운 소리가 들리지 않는다고 표현함으로 힘센 홍수로 대변되는 세상을 이길 힘을 얻은 것처럼 보인다. 그러나 잠시 후 다시 염소의 임자가 나타나지 않을까 사방을 두리번거리는 모습에서 세계와의 대결에 자신 없어 하고 불안해하는 마음을 떨쳐내지 못한다. 새끼염소를 안고 도망치는 소년에게 메아리되어 귀신처럼 쫓아오는 강물소리는 세상의 폭력에서 벗어나려는 소년의 노력과 소망이 늘 세계의 폭력 앞에 노출된 채 위협 당하는 상황임을 나타낸다.

소년에게 들리는 염소의 곱게 떨리는 울음은 소년에게 아직 작은 희망이 있음을 암시한다. 그러나 염소를 얻는 과정이 꿈속에 그대로 재현되는 것은 염소로 인해 일어나 모든 일들이 한낱 꿈에서 일어난 일처럼 현실적인 변화를 크게 일으킬 수는 없다는 것을 뜻한다. 이로써 염소로 힘을 얻으려는 소년의 소망 또한 늘 위협당하고 있음을 보여준다.

염소의 죽음으로 인해 소년과 소년의 식구들은 주워온 염소 말고는 내세울 것이 하나 없는 가난한 환경이 쉽게 극복될 수 없음을 경험하게 된다. 가난이라는 소년이 처해있는 현실과 경제적 불평등 문제는 사회구조적으로 해결되지 않는 한 쉽게 극복될 수 없는 문제이다.

따라서 소년은 힘을 성취하기 위해 왜곡된 힘의 원리에 종속된다. 소년의 불안이 염소의 죽음과 누나가 겁탈당하는 것으로 현실화되면서 그 힘의 원리에 종속되어지기 때문이다.

소년은 거대한 사회모습으로 다가오는 사회 압력을 주관적으로 내면화하기 전에 객관적 자아를 갖게 된다. 이러한 사회화 과정은 60년대의 사회 현실로 한 개인이 주체가 아니라, 객체로서 사회 압력의 대리인으로써 행동하는 사회화 과정을 드러낸다.

힘이 세어지고 싶은 소년의 욕구는 폭력과 위협을 횡행하는 사회와 그러한 폭력을 극복하고자 하는 의지를 보여주지만 그러한 힘을 획득하는 과정에서 소년의 자아는 오히려 객체로 소외되고 인간성을 상실하게 된다.

(3.1.2) '힘'의 구조로 나타난 사회적 폐단

자아는 사회의 영향과 반성의 주체를 모두 포함한다. 사회의 영향은 객관적 자아를, 반성의 주체는 주관적 자아를 형성한다. 개인의 객관적 자아는 주관적 자아의 반성과정을 거쳐서 형성된 부분이 있다. 그러나 주관적 자아의 반성과정이 빠졌을 때 자아는 소외되고 객체화된다. 개인의 주관적 자아는 사회의 영향을 모두 반성하고 수용여부를 결정할 수 있는 능력이 없다. 개인이 사회의 영향을 부정하고 거부하기에 사회의 영향은 너무나 거대하기 때문이다. 이 거대한 사회의 영향을 주관적 자아의 반성에 의해서 걸러야 한다고 개인에게 요구하는 것은 개인에게는 너무도 과도한 요구이다. 거대한 사회의 영향을 밝혀내는 것, 객관적 자아에 투입해 있는 사회 압력을 밝혀내는 것은 개인의 과제라기보다는 사회과학의 과제이다.[28]

소년은 '힘'에 대한 반성적 고찰을 거치지 않고 사회화를 경험한다. 소년에게 힘은 사회 압력으로써 자신의 생계를 억압하기 때문에 그것에 대한 반성적 고찰이 있을 수 없다. 소년은 생계를 위해 '힘'의 구도에 편승되면서 힘의 구조에 지배받게 된다.

소년이 힘이 세어지기를 무조건적으로 소망하는 것은 그의 의식세계와 그가 속한 사회 체계가 힘의 구조에 의해 지배되는 세계이기 때문이다. 소년으로 대변되는 아이들의 세계는 어른들의 세계를 반영하기 때문이다. 한 사회가 아이에게까지 '힘'이 세어지고 싶다는 생각을 갖게 한다면 그 사회는 이미 타락한 사회이거나 잘못된 가치를 추구하는 세계이다. 따라서 소년이 추구하는 가치는 60년대를 주도한 사회의 잘못된 가치체계를 드러낸 것이라 할 수 있다.

60년대는 힘의 구도 속에서 4.19 혁명으로 인한 새 시대를 향한 상승된 분

---

28) 이홍균, 앞의 책, 119~120면.

위기와 5.16으로 인한 좌절과 혼란이 교차하는 정서적으로 불안한 의식이 팽배해지는 시기이다. 사회적으로 팽창된 불안과 세계와의 대결의식은 그러한 사회 속에서 살아가고 있는 사람들에게도 동일하게 적용되어 각 개인에게 불안감을 조성하고 그 사회에서 살아가는 방법에 있어서도 왜곡된 타락한 방법을 투영시킨다.

따라서 소년에게 '힘'으로 표상되는 세계는 왜곡된 사회구조가 낳은 타락된 모습이라 할 수 있다.

소년에게 힘을 주었던 염소의 죽음은 또다시 소년과 소년의 식구들을 힘없는 약자로 설정한다. 이로써 사회 구조적 문제인 힘의 구도는 쉽게 변할 수 없음을 드러낸다. 그러나 소년네의 유일한 희망이 되었던 염소가 집을 뛰쳐나간 데에는 소년네가 가지고 있는 환경이 힘이 세지 않은 데에 원인이 있다.

> ─ 염소가 그럴 생각만 있었으면 간단히 고삐를 떼고 거리고 도망칠 수 있었던 말뚝도 힘이 세지 않았고 미닫이를 사이에 둔 우리 집의 방 두개도, 아무리 밝은 날에도 저녁때처럼 어두컴컴하기만 해서 힘이 세지 않았고… 아니 우리 집 전체가, 그것이 날이 갈수록 키가 자라나는 벽돌 건물들 틈에 끼어 있기 때문에 힘이 세지 않았다. <248면>

염소가 도망간 것은 소년네 집에 염소 하나를 끌러 맬 수 있는 단단한 말뚝 하나 없기 때문이다. 소년네 집은 '자라나는 벽돌 건물들'인 고층빌딩 틈에 끼어 있는 사회에서 소외된 곳에 위치한다. 이러한 현실은 사회구조의 근본에서 변화를 갖지 않는다면 어떤 변화도 꾀하기 힘든 구조적 모순을 갖는다. 그러나 염소의 죽음으로 힘을 상실한 소년과 가족은 염소를 대신할 수 있는 새로운 힘을 추구하게 된다.

염소의 죽음으로 '힘'이 사라진 소년네는 옆집 사는 아저씨의 조언으로 '염소 탕'을 만들어 사람들에게 팔며 많은 돈을 벌게 된다. 그러나 보통 가정에서 신고를 하지 않고 염소 탕에 '소주'를 곁들여 파는 것은 나라의 법에 위배되어 저지당함으로써 소년의 강해지고자 하는 소망은 다시 깨어진다. 여기에서 순경의 제재는 가난한 하층민에 대하여 어떠한 사회구조적인 배려와 보장을 약속지 못하는 현실을 반영한다. 또한 소년네가 법을 위배해야만 힘을 얻을 수 있는 현실은 사회의 왜곡된 구조를 상징적으로 드러낸 것이라 할 수 있다.

소년네는 신고를 하지 않고 음식과 술을 파는 것에 저촉되어 더 이상 염소 탕을 팔지 못하게 된다. 나라는 사회의 정의의 실현이란 이름으로 존재함에도 법대로 처벌한다는 명목으로 약자인 소년네 가족에 어떠한 생계적 보장도 해주지 않고 장사를 그만두게 한다. 따라서 순경의 모습은 기본권 보장과 사회 정의의 실현이라는 이름아래 하층민을 위한 아무런 보호와 정책이 반영되지 못한 냉정한 사회현실 구조를 드러낸 것이라 할 수 있다.

'힘'으로 상징되는 염소가 죽은 이유는 소년네의 힘이 약한 말뚝에서 고삐를 풀어내고 거리로 뛰어가다가 '생사탕' 집의 화로를 깨뜨려 생사탕 집 뚱뚱보 주인에게 잡혀 맞아 죽었다.

생사탕 집 주인은 자신의 이익에 위배되는 짓을 했다고 살아있는 염소를 매로 죽이는 인간성이 상실된 이기적이고 잔인한 인간 모습을 보여준다. 생사탕집의 주인은 뚱뚱보인 탐욕적인 모습인데다가 소년에게는 최악의 지옥집이라 할 수 있는 뱀 떼를 죽여 돈을 버는 어떠한 인간적인 감정이나 신뢰를 기대할 수 없는 인물이다. 인간성이 상실된 모습은 자신에게 손해를 끼쳤다고 해서 살아있는 새끼염소의 머리를 무참하게 내리치며 잔인하게 죽인다.

또한 염소 고깃국을 먹기 위해 찾아오는 손님들의 모습 또한 탐욕적이다. 수염이 시커멓고 살갗이 시커멓고 가슴이 떡 벌어졌고 키가 큰 기운 센 사람들은 사흘 만에 염소를 한 마리씩 삼켜버린다. 이들 중에 합승 정거장에서 운전자들이 제대로 출발하는지를 확인하는 한 사내는 소년의 누나를 겁탈한다.

"누나아! 하고 나는 고함질렀다. 누나는 퍼뜩 고개를 들어 나를 올려다보
았다. 온 얼굴이 눈물로써 범벅이 되어 있었다. 누나가 내 다리를 감싸 안
으며 다시 소리를 죽여 울었다. 그놈은 그 후로도 뻔뻔스럽게 우리 집에 드
나들었다. 매일 서너 차례씩 들렀다." <254면>

　소년의 누나가 겁탈당한 것은 힘없는 자의 좌절이 아닐 수 없다. 그러나 폭
력을 행한 사내는 그 후로도 계속 소년의 집에 드나들므로 뻔뻔스러운 마음
과 아직 끝나지 않은 욕망을 지니고 있음을 알려준다. 이러한 사내의 폭력은
힘이 없는 소년으로서는 어떻게 해볼 수 없는 일이다. 누나에게 가해진 성적
폭력을 병원에 누워계신 엄마와 할머니에게는 말하지 않은 것도 이미 행해진
폭력을 회복할 힘도 막을 힘도 없다는 것을 알고 있기 때문이다. 누나에게 가
해진 폭력은 소년과 엄마, 할머니에게 가해지는 폭력과 같다. 하지만 이러한
사실이 사회에 드러나지 않고 은폐되는 것은 결국 행하여진 폭력이 은폐될
수밖에 없는 사회의 왜곡된 현실을 나타낸다고 할 수 있다.

　이처럼 생사탕집 주인과 염소 탕을 먹으러 오는 손님들, 보호하지 못하는
순경들, 누나를 겁탈한 사내 등은 소년을 둘러싼 사회 구조가 모두 폭력적인
억압의 양상을 지니고 있음을 나타낸다.

　그러나 법의 제재에 염소 탕을 팔지 못하게 된 소년네는 염소 탕을 먹으러
왔다가 누나를 겁탈한 '사내'의 알선으로 누나가 버스 차장 일을 하게 됨으로
써 다시 활력을 얻게 된다. 누나가 강간당한 것을 대가로 얻은 취직은 소년네
가 힘을 얻는 과정이 지극히 왜곡되었음을 나타낸다. 그러나 힘을 얻는 과정
이 극히 왜곡된 방법일 수밖에 없는 것은 모순적 사회 구조가 낳은 사회구조
적 병폐의 한 모습이 반영되어 나타난 것이다. 소년은 이러한 과정으로 '힘'
을 획득하지만 큰 상실감과 함께 객체화되는 소외를 겪게 된다.

(3.1.3) 왜곡된 방법으로 추구되는 왜곡된 가치

소년이 힘을 갖고 싶어 하지만 그 소망은 외부의 세력에 의해 끝없이 좌절된다. 소년이 힘을 얻고자 하는 것은 사회 압력에 대한 저항의 의미도 있지만, 힘으로 지배하는 사회의 외부 세력을 힘으로 맞서려 함으로써 폭력적 외부 세력의 모습에 편승되어 사회 압력을 재생산하는 기능을 갖는 것을 뜻한다. 사회 압력인 행위자에게 스스로 원하지 않는 행위조건으로 작용하고 지배할 때, 행위자는 더 이상 행위의 주체가 아니고 자신의 행위과정, 행위 결과의 주체도 아니다. 다만 행위에 대한 객체이며 사회 압력의 대리자로 전락할 뿐이다. 스스로의 행위를 통제하지 못하고, 행위결과가 행위자 자신에게 낯설 뿐만 아니라 스스로에게 대립되고, 행위결과는 행위자로부터 분리될 뿐 아니라 행위자 자신을 지배하는 사회 압력으로 순환되어 행위자에게 돌아온다.[29]

소년이 처음에 염소를 주워 왔을 때 소년은 염소의 주인을 찾아 주려 하지 않는다. 오히려 주인이 올까봐 불안해한다. 힘을 소유하려는 소년은 힘을 얻기 위해 정직한 모습을 버린다. 이러한 모습은 소외된 현실에서 힘을 얻고자 하는 열망 때문이다. 따라서 힘을 얻기 위해 취하게 되는 소년의 정직하지 못한 모습과 무조건적인 열망은 소년의 타락을 예상케 한다. 골드만에 의하면 소설의 주인공과 세계 사이에는 뛰어넘을 수 없는 단절이 존재하며, 주인공은 이 타락한 세계에서 타락한 방법으로 진정한 가치를 추구하는 존재이다. 타락한 사회에서 타락한 방법으로 진정한 가치를 추구하다보면 죄인이나 광인과 같은 문제적 인물이 생겨난다고 한다. 문제적 인물이란 문제를 제기하는 인물의 뜻한다.[30] 소년이 처한 타락한 사회에서 타락한 방법으로 가치를 추구하게 만든다. 소년은 타락한 방법으로 또 다른 힘을 얻게 되는 타락한다.

---

29) 앞의 책, 124~125면.
30) 김천혜, 《소설 구조의 이론》, 문학과 지성사, 1990년, 227면.

왜냐하면 소년으로 대변되는 약자가 살아갈 수 있는 방도란 구조적으로 타락한 방법에 의해 그 힘을 획득하는 방법일 수밖에 없기 때문이다. 따라서 소년의 타락은 사회적 문제를 드러낸다. 어린 소년이 '힘'을 갖고 싶어 하는 심리에는 왜곡된 사회구조에 대한 경험이 전제되기 때문이다.

소년은 누나가 염소 탕을 먹으러온 사내에게 겁탈당하는 것을 보고 그 사내를 죽여 버리고 싶어 하지만 아무런 행동도 하지 못한다. 어린 소년에게는 그와 같은 폭력적인 일을 해결할 수 있는 힘이 없다. 소년이 처해있는 사회에서는 사회의 폭력과 억압을 해결할 수 있는 정당한 방법이란 존재하지 않기 때문이다.

누나는 염소 탕을 못 팔게 되면서, 종로에서 꽃을 팔기로 한다. 하지만 누나는 꽃을 파는 대신 자신을 강간한 사내를 만나기 위해 자리를 비우게 된다. 누나가 그 사내의 힘을 빌려 버스 차장이 되면서 소년네는 다시 새로운 힘을 얻는다. 이렇게 소년이 힘을 얻는 과정은 역설적 왜곡과정을 반복하여 거치면서 이루어진다. 이로 인해 소년의 자아는 분열된다. 사회적 압력 앞에 소년의 자아는 내면화를 거치지 못하고 사회적 폭력을 그대로 수렴하면서 객관적 자아를 형성한다. 내면화의 사회화과정은 사회의 영향이 객관적 자아의 일부분으로 자리 잡기 전에 주관적 자아가 거름작용을 하여 그 수용여부를 결정하는 과정으로 되어 있다. 그러나 내면화의 사회화과정이 이루어지 못할 때, 자아는 반성이 시작되기 전에 사회의 영향이 자아의 일부분에 자리 잡는 투입의 과정을 겪게 된다. 이것은 개인이 의식하지 못하는 사이에 주관적 자아가 반성을 하기 전에 사회의 영향이 개인적 자아의 일부분을 형성하는 과정이고, 사회의 영향이 걸러지지 못한 채 개인의 객관적 자아를 결정하기 전에 사회의 영향력이 객관적 자아에 자리하게 되는 경우다.

힘없는 소년네가 얻은 힘이 '누나'의 몸의 대가를 지불하고 얻은 것에서 사회가 가지고 있는 병폐가 드러난다. 정당한 방법으로 살아남기에 이들의 실상은 너무나 비참하고 힘이 없다. 최소한의 생계를 유지하기 힘든 사회 구조 속에서 '힘'의 획득은 누나의 성적 희생을 담보로 해서야 얻어질 수 있는 함몰된 가치 속에 놓여있기 때문이다.

자본주의 사회는 교환가치를 추구하는 대표적인 사회이다. 그러나 교환가치만을 추구할 때 재화와 인간의 관계는 타락한 관계가 된다. 왜냐하면 교환가치는 이익을 얻기 위한 필요악에 지나지 않으며 인간은 수익성을 보장하는 교환가치만을 추구하기 때문이다. 사회적 구조에서 문제적 개인은 시장에서 교환가치를 위해 타락하는 것을 피하지는 못한다.[31] 누이는 소년처럼 사내의 폭력적 겁탈 앞에서 폭력 앞에 무기력하다. 또한 겁탈된 누이의 성은 누이에게 버스 안내양의 자리를 얻게 함으로써 다시 한번 교환가치로 타락하게 된다. 성의 가치의 타락은 자본주의 사회의 병폐를 드러냄과 동시에 그 사회의 타락을 드러낸다. 이러한 사회 구조를 지닌 사회는 그 사회에서 살아가는 사람들에게 새로운 좌절과 불안을 만들어 낸다. 따라서 소년네가 얻은 힘 또한 안정적인 것이 될 수 없다.

힘의 획득과 상실로 반복되어 나타나는 사건은 '힘'을 둘러싸고 일어나는 사회의 구조적인 모순과 불합리를 부정적인 모습으로 나타낸다. 또한 소년이 '힘'을 얻기 위해 왜곡된 방법을 취하는 것은 사회에 깔려 있는 근본적인 폐단이 '힘'으로 인해 생기는 것임을 제시한다. 어린 소년이 '힘'을 욕망하는 모습에서 '힘을 둘러싼 구조'의 사회적 폐단을 여실히 드러낸 것이기 때문이다.

누나가 탄 버스를 보면서 가슴이 뛰며 할머니를 찾아 부르는 소년의 모습은 개인이 객관적 자아를 결정하기 전에 사회의 영향력이 개인에게 미치는 영향을 여실히 보여준다. 누나의 희생으로 얻어진 버스 차장에 소년은 애써

---

31) 김천혜, 앞의 책, 228면.

안 그러려고 해도 얼굴이 뜨겁게 달아오르며 가슴이 뛰는 흥분을 감추지 못하는 모습은 타락한 사회에서 살아가야 하는 소년의 안타까운 실상과 비애가 엿보인다.

소년이 성의 대가로 주어진 누나의 버스를 반기는 것은 사회적 구조의 역설적인 면을 드러낸다. 누나의 취직은 소년네가 힘을 얻었음을 뜻하지만, 그 힘을 얻는 과정이 왜곡된 성의 대가였음을 생각할 뿐 소년은 누나를 반가이 맞이할 수 없다. 그러나 그러한 괴리감에서 소년이 누나가 탄 버스를 기다리며 할머니에게 신호하는 장면은 어린 소년이기에 갖는 순수한 모습일 수도 있지만, 거대한 사회폭력 앞에 이미 승복할 수밖에 없는 우리 사회의 부끄러운 모습을 간접적으로 드러낸 것이라 할 수 있다. 결국 소년의 자아는 거대한 사회흐름 앞에 하나의 객체로, 사회 압력의 대리자로 성장하면서 사회구조적으로 다시금 소외를 낳고 소외당하는 객체로서 기능하게 됨을 시사한다.

(3.2) <무진기행>에 나타난 사회의식

(3.2.1) 성공과 잠재 돼 있는 불안

<무진기행>은 <염소는 힘이 세다>의 주인공인 소년의 자아가 사회 압력으로 사회화를 겪으면서 지속적으로 힘의 궤도 속에 편승하면서 오히려 소외를 재생산하는 사회 압력의 대리자로써 살아가는 모습을 드러내준다.

<무진기행>의 주인공 '나'는 제약회사의 사위로서 남들이 보았을 때 아무런 부러울 게 없는 성공한 사람이다. '나'가 무진으로 내려오게 된 동기는 아내와 장인이 주주총회에서의 일을 다 꾸며놓아 자신을 전무로 승진시켜 놓을 테니 그 동안 고향에 내려가 쉬고 오라는 권유에 의해서다. 그럼에는 '나'는 무진에 들어서면서부터 엉뚱한 공상과 연상 속에 빠져든다.

'나'에게 무진은 골방에서의 공상과 불면, 독한 담배꽁초와 우편배달부를 기다리던 초조함이자, 그리움을 불러일으키는 관념 속에서만 존재하는 아늑한 곳으로 기억되기 때문이다.

'나'가 성공한 지위에 올랐음에도 무진에 들어서면서 또 다른 가치를 갈망하는 모습은 그의 성공이 또 다른 결핍을 낳는 불안한 것임을 간접적으로 암시한다.

남들이 말하는 성공을 했음에도 '나'는 불안함에서 자유롭지 못하다. 이는 '나'가 힘과 권력을 획득했다 할지라도 제도적으로 사회구조가 바로 잡혀지지 않는 한 언제 어떻게 또다시 힘을 잃게 될는지 알 수 없는 불안정한 것이기 때문이다.

<무진기행>의 주인공 '나'는 <염소는 힘이 세다>의 소년이 꿈꾸던 것과 같은 사회 권력을 획득하였다. 하지만 그의 성공은 그 자신의 노력의 결과가 아니라 왜곡된 사회 구조위에 편승한 방법으로 얻은 것이다. 그는 사회 구조적 모순의 해결과는 상관없이, 그 자신이 그 구조적 모순과 맞서 싸우는 과정 없이 돈 많은 아내와 결혼을 해 성공했다.

사회 압력은 스스로 행위 할 수 없고 행위자의 행위 없이 스스로 존재하지 못한다. 사회 압력은 스스로를 재생산하지 못한다. 사회 압력은 스스로 행위하지 못하기 때문에 행위자를 경유하여 소외의 순환과정을 거치면서 행위 한다. 스스로를 다시 재생산하고 그를 통해 행위자를 끊임없이 지배한다. 소외의 순환은 사회 압력을 재생산하는 과정이고 사회구성원은 그 과정의 대리일 뿐이다.[32]

그가 무진에 내려와 있는 동안 그의 아내와 장인은 음모와 회유라는 비합리적인 사회 압력의 방법으로 자신의 진급을 모의한다. 사회 압력은 '나'를

---

32) 이홍균, 앞의 책, 124~125면.

경유하여 스스로를 다시 재생산하고 끊임없이 '나'라는 한 개인을 지배하려 든다. 이러한 과정에서 그가 할 수 있는 일이란 아무것도 없다. 그가 이렇게 무기력한 상태에 놓여 있는 것은 사회 구조적으로 그는 재생산의 과정 안에 들어있고 재생산의 과정에서 하나의 대리자의 역할을 할 뿐이기 때문이다.

따라서 그는 정작 자기 자신이 소외되어 있는 성공에 불안을 느끼면서 정신적, 심적 갈등을 겪는다. 그는 무진에 와있는 동안 자신이 추구한 가치 자체에 대해 회의하게 된다.

> 별들을 보고 있으면 나는 나와 어느 별과 그리고 그 별과 또 다른 별들 사이의 안타까운 거리가, 과학책에서 배운 바로써가 아니라, 마치 나의 눈이 점점 정확해져가고 있는 듯이 나의 시력에 뚜렷이 보여 지는 것이었다. 나는 그 도달할 길 없는 거리를 보는 데 홀려서 멍하니 서 있다가 그 순간 속에서 그대로 가슴이 터져버리는 것 같았었다. 왜 그렇게 못 견디어했을까. 별이 무수히 반짝이는 밤하늘을 보고 있던 옛날 나는 왜 그렇게 분해서 못 견디어했을까.[33]

'나'는 고향 무진에 와서 밤하늘의 별을 보며 그 옛날 가졌던 안타까운 거리감을 회상한다. 옛날 그는 별과의 도달할 길 없는 거리를 보며 뭔가 분해서 못 견디어 했었던 일이 있다. 별이라는 이상은 그에겐 커다란 거리감만을 안겨주는 현실적으로 획득될 수 없는 공간이기 때문이다. 그러나 별과의 거리감은 별의 의미로 표상되는 힘과 권력이 이상적인 것으로 가치 자체가 불완전한 것이기 때문이다.

'나'는 남들이 말하는 성공의 자리에 올랐음에도 정신적으로 끝없이 방황한다. 그의 방황은 그의 추구하는 가치가 타락한 가치이기 때문에 자기 자신과 사회에게서 소외를 경험하게 했기 때문이다.

---

33) 김승옥, <무진기행>, 《김승옥 소설 전집 1권》, 문학동네, 2002, 140면.

한 개인의 의식을 표상하는 소년과 성장한 '나'는 '힘'과 '성공'이라는 타락한 가치를 추구하며 살았다. 이 때, 유년기의 소년이 힘이 세어지고 싶은 열망은 누나의 몸의 대가로 이루어졌다면 성인이 된 '나'의 성공은 재혼 하는 제약회사 사장 딸과 결혼하는 방식으로 이루어진다. 소년과 '나'는 사회의 부정적 모습에 편승하는 방식으로 '힘'과 '성공'을 획득한 것이다. 따라서 '나'가 얻은 성공은 불안과 회의로 끝없이 방황하게 만든다. '나'는 무진에서 자신의 잃어버렸던 자아를 성찰하면서 진정한 내면세계를 회복하게 된다.

(3.2.2) 잃어버린 가치를 찾아서

'나'가 제약회사의 딸과 재혼을 한 것은 일자리를 잃고 실의에 빠져있을 때 동거녀 희(姬)가 떠나는 고통을 겪은 일이 있었기 때문이다. '나'는 돈으로 표명되는 힘이 없을 때 사랑하는 여인마저 떠나갈 수 있다는 것을 뼈저리게 느낀다. 따라서 그는 어릴 때의 소년처럼 무조건적인 성공을 소망하게 된다. 동거녀의 배신은 그로 하여금 돈과 성공을 위한 결혼을 하게 한다. 사회적으로 돈과 부를 신뢰하는 분위기는 실의에 빠진 그를 '돈'과 '권력'을 소유하고자 욕망하게 한다.

'나'의 선택은 한 여자의 배신으로 인한 개인적인 문제를 벗어나 '부'와 '성공'을 추구하는 타락한 사회 구조와 깊이 연관되어 있다. 동거녀 희가 배반한 것을 계기로 시작된 그의 성공은 끝없는 불의와 결탁되어야만 존재할 수 있는 것이기 때문이다. 그러나 성공하였음에도 또 다른 무언가를 갈망하게 된 '나'는 고향 무진에 돌아오면서 그의 현재의 모습을 확인하고 그 가치가 지니고 있는 부정적 실체를 서서히 깨닫게 된다.

무진으로 돌아오는 '나'는 어린 소년처럼 편안하게 잠들고 싶어 하는 불안한 상태에 놓여 있다. 하지만 이미 성인이 된 그는 어릴 때의 소년이 추구하던 성공을 획득한 상태이기 때문에 소년과는 다른 종류의 불안함을 갖는다. '나'는 이제 반대로 그가 그렇게 이루어내고자 했던 성공의 가치와 성공을 이룬 방식을 반추한다. 자신의 길을 반추하는 모습은 그의 분 편으로 존재하는 주변인물과의 만남에서부터 이루어진다.

<무진기행>의 '나'는 무진에 내려가서 그의 과거의 모습과 현재의 모습을 떠올리게 하는 세 명의 사람을 만난다. 이들은 모두 무진에서 사는 사람들로 그의 과거와 현재의 분 편으로 존재한다. 주변인물이 '나'의 과거와 현재의 의식을 대변하는 것은 이미 그의 자아는 사회적 부정적 구조에 편승한 타락한 가치를 지니고 있기 때문에 가치를 판단하는 능력이 상실됐기 때문이다.

사회구성원은 사회 압력에 의한 것임에도 자신의 의지, 의도, 목적에 의한 것으로 생각하면서 행위 하게 된다. 이유는 사회 압력이 개인이 의식하지 못하는 사이에 개인의 자아의 일부를 형성하고 있기 때문이다. 사회 압력은 이제 개인의 일부이고 개인과 하나다. 개인은 사회 압력에 따라 행위 하는 것이 아니라 자신의 자아에 따라 행위 하는 것이다. 그것은 사실 자아정체성의 상실과 파괴를 의미하지만 개인은 사회 압력을 자아 정체성으로 받아들이기 때문에 자아정체성의 상실을 의식하지 못한다.[34] 따라서 자신을 의식하게 하던, 애써 기억하지 않고 묻어두려 했던 경험들은 주변 인물들의 생활하는 방식과 의식 구조를 통해 객관적으로 사고하게 하는 간접적인 과정으로 나타난다.

무진에서 '나'가 첫 번째로 만나는 사람은 어머니의 산소에 가기 위해 방죽 위를 걷다가 몰려 있는 사람들의 틈바구니에서 보게 된 자살한 술집 여자의 시체이다.

> "읍내에 사는 술집 여잡니다. 초여름이 되면 반드시 몇 명씩 죽지요."
> "네에." "저 계집애는 아주 독살스러운 년이어서 안 죽을 줄 알았더니, 저

---

34) 이흥균, 앞의 책, 123~124면.

것도 별 수 없는 사람이었던 모양입니다." "네에." – 나는 그 여자를 향하여 이상스레 정욕이 끓어오름을 느꼈다. 나는 급히 그 자리를 떠났다. – 나는 문득, 간밤에 잠을 이루지 못하고 뒤척거리고 있었던 게 이 여자의 임종을 지켜주기 위해서가 아니었을까 하는 생각이 들었다. – 나는 이 여자가 나의 일부처럼 느껴졌다. 아프긴 하지만 아끼지 않으면 안 될 내 몸의 일부처럼 느껴졌다. <144~145면>

  '나'는 자살한 술집 여자를 보면서 정욕을 느끼고 자신의 일부로 아끼지 않으면 안 될 몸의 일부처럼 느낀다. '나'가 자살한 여자를 보고 자신의 일부로 느끼는 것은 '나'가 정신적, 심리적으로 황폐해져 있음을 드러낸다. 술집 여자가 죽은 이유는 특별하게 드러나지 않는다. 단순 매해 초여름만 되면 이곳 무진에서 반드시 몇 명이 죽는다는 말뿐이다. 여자가 죽은 이유는 다만 이곳이 무진이기 때문임을 추측할 수 있다. 여자의 죽음은 무진과 관련되어 있다. 따라서 무진의 본질과 실체가 규명될 때 '나'의 분 편으로써 나타나는 여자의 죽음의 이유도 알 수 있게 된다. 술집 여자의 죽음으로 알 수 있는 것은 '무진'이란 공간이 한 여자가 어떤 이유로 죽는지 알 수 없는, 무관심과 방치 속에 죽음으로 치달을 수밖에 없는 냉혹한 곳임을 드러낸다. 또한 이러한 죽음이 해마다 반복되는 것은 그 속에서 살아가는 사람들 또한 황폐하게 죽어가고 있음을 뜻한다.

  '술집 여인'의 죽음은 '무진'의 황폐함을 드러냄과 동시에 '나'의 황폐함을 드러낸다. '나'의 황폐함은 과거의 시간으로 되돌아가 6·25당시 어머니에게 몰려 골방 속에 숨어서 미치고 싶어 했던 시간으로 거슬러 올라간다. '나'는 광주에서 기차를 내려 역 구내를 빠져 나올 때 미친 여자를 보았다. 그녀를 보면서 그는 징병을 나가지 못하고 골방에 쳐 박혀 스스로를 모멸하며 미치고 싶어 했던 순간들을 회상한다. 모두가 전쟁에 나가 목숨을 걸고 싸울 때 골방에 박혀 있다는 것은 스스로 선택한 길이 아니라 할지라도 자신과 세계를 배반하는 행위이다. 이로써 건강한 청년이 가질 수 있는 마음과 정신을 그는 지키지 못했고 자책과 불안에 휩싸일 수밖에 없게 되었다. 또한 이웃집 젊은이의 전사통지를 듣고 자신의 아들이 무사한 것을 기뻐하는 어머니의 왜곡된 모습과 동거녀의 배신 등은 세계에 대한 모멸감을 갖게 하기에 충분했고 그의 자아 또한 황폐해질 수밖에 없다.

따라서 그가 본 자살한 여자의 모습은 그에게 상처를 준 왜곡된 세계의 초상이자 그로 인해 상처받은 '나'의 내면을 상징하는 분 편으로써 그 결과를 드러낸 것이라 할 수 있다. 술집 여인의 죽음은 그의 현재 심리적인 상태를 드러내고, 그 원인을 밝혀준다. 이처럼 무진에서 만나는 사람들은 '나'의 현재의 모습을 투영하면서 '나'로 하여금 진정한 가치를 추구하도록 만든다.

두 번째로 '나'를 투영시킨 인물은 무진 중학 동기인 세무서장 '조'와 무진에서 음악을 가르치는 음악선생 '하인숙'이다. 조는 어려서부터 키가 작고 살결이 검어 '나'에게 열등감을 가지고 있는 인물이다. 그러나 그는 어느새 고등고시에 패스해서 무진에서 세무서장일을 보고 있다. '나'는 조가 자신의 성공을 은근히 과시하는 모습에서 자본주의의 가치에 물든 자신의 또 다른 속성을 발견하게 된다.

> "나는 그가 초라해 보였고 그러나 그가 흰 커버를 씌운 회전의자 위에 앉아 있는 것을 자랑스러워하는 듯한 몸짓을 해보일 때는 그가 가엾게 생각되었다. — 그는 말했다. 그러나 그의 얼굴은 그 바쁜 것을 자랑스럽게 여기고 있었다. 바쁘다. 자랑스러워할 틈도 없이 바쁘다. 그것은 서울에서의 나였다." <145~146면>

'조'의 성공은 결국 '나'의 성공한 모습을 투영한 것이다. 하지만 '조'의 자랑스러워하는 몸짓이 '나'의 눈에 가엾게 비치는 것은 '나'의 현재의 모습과 추구하는 세계가 진정한 가치의 세계가 아님을 알기 때문이다. 또한 성공한

'조'는 피아노 교사인 '하인숙'과 조건적인 관계를 갖고 있다. 그러나 '조'는 '하인숙' 집 뒷조사를 한 결과 집안이 너무 허술하다는 이유로 더 이상 결혼 상대로 생각하지 않는다고 하면서도 여자와의 만남을 즐긴다.

'하인숙' 또한 '조'를 사랑하지 않고 더 이상 가지 말아야 하겠다고 하면서도 '조'를 통한 상승을 욕망한다. 그리고 단지 심심하다는 이유로 '조'의 집에 놀러가고 조의 요구대로 유행가를 부르며, 그녀를 사랑하는 국어 선생 '박'의 편지를 장난처럼 조에게 보여주는 등 전혀 진실하지 않은 행동을 한다. '조'와 '하인숙'의 관계는 진실이나 사랑과는 거리가 먼 피상적인 관계에 머물면서 관계를 지속시킨다.

조'와 '하인숙'의 피상적이고 조건적인 관계는 무진의 실체를 도출할 수 있게 한다. 무진에서 진실은 하나의 웃음거리로 전락되어 있다. 진실이 웃음거리로 전락되는 사회에서 인물들이 행동할 수 있는 길은 몇 가지 행동으로 제한된다. 자살한 여인처럼 죽어버리거나, '조'처럼 끝없이 탐욕스러워지거나, '하인숙'처럼 졸업연주회를 하던 과거의 대학 시절을 그리워하면서 이곳에 머무르는 길 뿐이다.

이와 같은 관계는 그와 아내의 조건적인 관계를 다시 투영한다. 이렇게 '조'의 성공과 '조'를 둘러싼 인물들의 피상적인 관계는 '나'의 성공에 대한 의미와 왜곡된 이유로 현실과 관계 맺고 있는 자신을 고통스럽게 인식하도록 만든다.

하인숙은 서울에 가서 자신의 꿈을 실현하며 살고 싶어 하면서도 '나'가 서울에 올수 있도록 조치를 취한 후에 연락을 하겠다고 하지만 서울에 가지 않겠다고 한다. 결국 무진에 남겠다고 결정하는 '하인숙'은 무진에 머물러 있는 '나'의 의식을 구체적으로 반영하는 인물이다.

'무진에서 일어나는 일들과 주변 인물들과의 만남은 힘과 성공에만 함몰되어 상처받고 억압당한 그의 삶을 되돌아보게 한다. '나'는 애써 의식하지 않으려 했던 자신의 실체를 무진의 주변 인물들을 통해 깨달으면서 현재의 왜곡된 상황에서 탈피하고 싶어 한다. 이러한 '나'의 회복에 대한 열망은 하인숙이라는 어떤 권력도 소유하지 않은 여인을 통해서 이루어진다. 이번에 '나'가 추구하는 것은 성공도 돈도 아닌 바로 과거와 현재로 이어지는 억압과 상처에서의 회복이다. '나'의 기억 속에 여성은 억압하는 어머니와 배반한 애인, 불의한 방법으로 성공을 보장하는 아내 등 부정적인 이미지를 지니고 있다. 이들의 모습은 자본주의 사회의 부조리에 굴복당한 존재들이다. 그들에게 버려지고 모멸감을 경험한 '나'가 이들에게서 자유로워 질수 있고 회복 될 수 있는 길은 순수한 여성과의 사랑이다. 이때 사랑은 필연적으로 어떤 이기적인 관계나 보장, 약속 등이 배제된 순수한 관계에 놓여있어야 한다. 그가 추구하는 사랑은 사회적 억압으로 고통 받는 내적 자아와 현재의 성공을 보장하는 외적 억압에서 벗어나기 위한 행동의 일환이다.

이처럼 '하인숙'은 그의 타락한 모습의 분 편으로 나타나기도 하지만 그녀를 사랑하는 그의 마음에서 그가 지향하는 삶의 모습과 가치가 어떤 것인지를 잘 반영해준다.

'나'는 그 자신이며, 자신이 어렴풋하게나마 사랑하고 있는 옛날의 그의 모습인 '하인숙'을 받아들이며 자신의 지나온 시간을 받아들인다. 또한 '하인숙'을 오늘의 자신으로 끌어다놓겠다고 편지 씀으로써 책임지려 한다. 이렇게 결심한 것은 '나'로 하여금 자신의 옛날 모습과 현재 모습을 받아들이고 긍정하겠다는 마음을 가졌기 때문에 가능한 것이다. 하인숙과의 사랑은 곧 그가 걸어온 길을 용서하고 긍정하도록 만들어준다.

다음의 예문에서 '하인숙'과의 사랑으로 '나'의 부정적 자아와 세상에 대한 부정적 인식이 긍정적으로 바뀌는 것을 알 수 있다.

"모든 것이 세월에 의하여 마음속에서 잊혀질 수 있다고 전보는 말하고 있었다. 그러나 상처가 남는다고, 나는 고개를 저었다. 오랫동안 우리는 다 투었다. 그래서 전보와 나는 타협안을 만들었다. 한 번만, 마지막으로 한 번만 이 무진을, 안개를, 외롭게 미쳐가는 것을, 유행가를, 술집 여자의 자살을, 배반을, 무책임을 긍정하기로 하자. 마지막으로 한 번만이다. 꼭 한 번만. 그리고 나는 내게 주어진 한정된 책임 속에서만 살기로 약속한다. 전 보여, 새끼손가락을 내밀어라. 나는 거기에 내 새끼손가락을 걸어서 약속 한다. 우리는 약속했다." <152면>

'나'는 자신을 둘러싼 모든 일들을 인숙과의 사랑으로 긍정함으로써 자유 로워진다. 그러나 이미 사회적으로 부조리한 타락한 사회에서 개인이 선택할 수 있는 아무런 부끄러움이 없는 완전한 길이란 있을 수 없다. 다만 그 사이에 존재하는 타협과 한정된 책임을 약속하는 것뿐이다.

따라서 그가 인숙을 사랑함에도 인숙에게 썼던 편지를 찢어 버리고, 서울 로 데려가지 않는다. 이처럼 배반과 부조리와 무책임이 난무하는 사회 속에 서 개인이 선택할 수 있는 길은 그 자신을 받아들이며 감싸는 것뿐이다. 배반 과 무책임이 난무하는 사회에선 아무도 완전히 자유로워 질 수 없기 때문이다. 그가 시도하는 자아의 회복이 현실적 변화를 가져다 줄 수 있는 내면적이 것 이긴 하지만 '나'의 무진 행은 지금까지 살아오면서 애써 의식하지 않으려 했 던, 그를 억압시켜 왔던 과거와 현재의 경험의 실체를 고통스럽게 껴안게 하 면서 부정적인 자아를 긍정적 자아로 회복시켜준다.

(3.2.3) '무진'이 상징하는 현실적 폐단

무진에서 일어났던 모든 일들은 불분명한 안개 속 같은 배반과 무책임이 난무하다. 이처럼 외롭게 미쳐가는 현실들은 과거의 모습을 반영함과 동시에 현재에 살아가는 사회의 모습을 드러내준다.

'나'에게 있어 '무진'이라는 곳은 배반과 사랑, 외로움과 그리움. 미칠 것 같은 답답함과 죽음, 상처와 쉼, 무책임과 아늑한 장소, 상처와 회복, 과거와 현재 등 대립되는 요소들의 혼용된 장소이다. 그가 이렇게 고통스러운 무진에서 그의 시간들을 더듬어 가는 데에는 무진과 그의 자아가 깊이 연관 되어 있기 때문이다. '무진'은 안개가 가득 낀 상태를 뜻한다. 따라서 '무진' 안에 있을 때 사람들은 불안할 수밖에 없고 암담해질 수밖에 없다. '무진'의 의미는 앞이 조금도 보이지 않는 고통스러운 현실을 뜻하기도 하고, 과거에 상처받은 시간들을 잊고 싶어 하는 마음과 그것을 다시금 인정해야만 새로운 진실을 상징적으로 나타낸 것이다. 따라서 '무진'의 모습은 그가 처한 사회적 현실모습의 반영인 동시에 그러한 사회 속에서 살아가야 하는 한 개인의 황폐한 영혼의 모습일 수 있다.

　짙은 안개가 끼어있는, 모든 것이 불분명하고 명확하지 않은 무료하고 답답한 '무진'의 분위기는 사회의 암담한 현실모습을 상징적으로 드러낸다. 그리고 그 속에서 관계 맺고 있는 사람들의 조건적인 관계와 죽음의 모습들은 상실하는 인간관계와 그 결과를 속속들이 보여준다고 할 수 있다. 이렇게 '무진'으로 비추어 지는 사회의 모습은 근본적으로 돈과 힘이 팽배하는 자본주의 사회의 병폐를 드러낸다. 그러한 사회에서 살아가는 개인은 성공을 하더라도 억압과 상처를 지닌 채 불완전한 사회구조 속에서 불안하고 고통스럽게 지낼 수밖에 없다. 이러한 현실 인식은 '나'로 하여금 '어렴풋하게 사랑하고 있는 옛날의 자신의 모습'을 나타내는 한 여자를 순수하게 사랑한 시간을 그리워하게 하게 한다. 그러나 이러한 그리움과 사랑은 현실의 어떤 변화를 이루어내는 방식이 아니라 그 자신을 받아들이고 이해하는 방식으로만 존재할 뿐이다. 그는 이미 사회의 한 구성원으로서 그 사회에서 완전히 자유로워질 수 없기 때문이다.

그러나 '나'가 '무진' 읍을 떠나면서 심한 부끄러움을 느끼는 것은 그의 '무진'에서의 경험은 그의 자아에 커다란 인식의 변화를 가져왔음을 뜻한다. 처음 '무진'에 버스를 타고 들어오면서 그는 '햇빛의 신선한 밝음과 살갗에 탄력을 주는 정도의 공기의 저온, 해풍에 섞여 있는 정도의 소금기를 합성해 수면제'를 만들 수 없을까 하는, 돈벌고 싶어 하는 공상과 '무진'을 떠날 즈음에 자신은 이 세상에서 가장 돈 잘 버는 제약회사의 전무님이 되어 있을 거라는 공상을 했다. '무진'을 떠나면서 부끄러움을 느끼는 것은 그 자신이 추구하던 삶의 모습과 잃어버린 자아에 대한 성찰의 결과이다.

또한 그가 지향하는 세계와 현실사이의 괴리와 부조화속에서, 현실의 길을 택해야 하는 자아에 대한 부끄러움이다. 그리고 이러한 부끄러움은 사회적 폐단을 깨닫고 나서도 어쩌지 못하는 한 개인의 부끄러움이다. 따라서 '부끄러움'은 그와 같이 살아가는 모든 사람들의 부끄러움을 드러내줌과 동시에 현실적 폐단을 낳는 사회 구조적 문제를 비판하는 요소로 작용한다.

(4) 결론

본 연구에서는 김승옥 소설 <염소는 힘이 세다>와 <무진기행>에 나타난 인물들이 추구하는 가치와 추구방식과 사회의식을 연관시켜 논의해보았다. <염소는 힘이 세다>에서는 사회 압력으로 다가오는 냉혹한 현실을 힘이 없는 소년이 어떻게 대응해나가고 소년의 자아에 어떤 영향을 미치는지를 중심으로 살펴보았다. 이 과정에서 소년의 주관적 자아가 사회 압력 앞에서 사회화를 거치지 못하고 곧바로 객관적 자아로 변모하는 양상을 주목할 수 있었다. <무진기행>에서는 성공한 '나'가 무진에 돌아와서 자신의 가치 추구를 어떻게 반추해나가는지를 논의했다. 사회 구조적 변화를 거치지 않고 성공을 획득한 '나'가 자신이 추구한 가치와 가치 추구과정을 반추하는 과정에서 사회구조적 모순과 타협이 갖는 결과에 대해 고찰해 볼 수 있었다.

60년대는 '힘'과 '성공'이 사회의 전체적인 구조를 지배한다. 이러한 사회는 인물들의 타락을 조장하고 개개인에게 새로운 불안과 좌절을 만들어 낸다. '힘'의 획득과 상실로 반복되어 나타나는 소설구조는 '힘'을 둘러싸고 일어나는 60년대 사회의 구조적인 모순과 불합리를 역설적으로 드러낸 것이라 할 수 있다.

김승옥 소설구조에 나타나는 의식의 변화는 힘을 향한 욕망과 그러한 힘을 얻기 위한 왜곡된 과정, 성공한 자아의 고통스런 현실인식과 다시금 현실 속에서 살아가야 하는 부끄러움을 겪는 방식으로 나타난다. 그러나 힘의 구조로 편승되는 사회구조를 인식하고 그것에 대항해 그의 자아를 회복시키려 할지라도 이미 가치가 함몰된 사회에서는 부끄러움만 낳을 뿐이다. 김승옥 소설은 60년대라는 시대적으로 혼란스런 시기에 일어난, 냉혹한 현실 세계의 '힘' 앞에서 왜곡된 희망과 가치추구로 재생하는 현실을, 부끄러운 자기 인식 과정으로 반성하면서 새로운 진실을 탐구하는 교두보적 의미를 갖는다.

III. 오정희 소설 분석

1. <불의 강>[1] 인물 분석

1) 인물의 성격 변모

<불의 강>의 등장인물은 화자 '나'와 '나'의 남편이 주인공이다. 이 소설은 여성소설에서 흔히 있을 수 있는 여성의 탈주욕망을 다룬 것이 아니라, 남성이 반복되는 고된 일상생활에서 탈출하려는 욕망을 기술했다는 점에서 특이하다. 남편은 귓바퀴에 재봉틀 페달을 걸고 다니는 것처럼 느낄 만큼 늘 재봉틀을 돌리는 생활을 한다. 그런 남편이 어느 순간부터 변하기 시작하면서 밤이 되면 외출을 준비하며 나가려한다. '나'는 남편의 변화를 조금씩 눈치채게 된다. '나'는 남편이 밤이 되면 어딘가로 가서 불을 놓는다는 것을 알고 남편을 안타까워하며 이해한다.

① 남편 : 화자 '나'가 살고 있는 집은 강이 보이고 강둑이 강줄기를 따라 U자로 휘어 도는 구비에 발전소의 건물이 솟아 있다. 남편은 어려서부터 이곳

---

[1] 오정희, <불의 강>, ≪불의 강≫, 문학과 지성사. 2001.

에서 살았기 때문에 그 발전소에 담긴 기이한 얘기를 많이 알고 있다. 따라서 발전소는 곧 남편의 어린시절과 현재의 삶을 이어주는 매개체가 된다. 그러나 남편은 발전소에 대한 얘기는 많이 알고 있지만 정작 그곳에 가본 적은 없다. 발전소에 대한 남편의 말은 남편의 성격을 이해하게 하는 단서가 된다.

<예시문 1>
　게다가 발전소의 문은 늘 굳게 잠겨져 있었어. 상상 속에서 그것은 입구는 있되 출구는 없는, 수많은 방과 미로를 가진 유령의 성이었어. 그리고 점차 그것은 거대해져가는 거야. 아이들은 가끔 패를 지어 창문을 막은 판자를 뜯고 그곳에 숨어들어갔고 그곳의 수많은 방과 미로에 대해 흡사 박쥐굴의 탐험담처럼 떠들어댔지만 나는 망설이기만 할 뿐 들어가질 못했어. 망설이는 동안 그것은 더욱 거대해지고 견고한 적의의 상징으로 자리잡게 되었어. 자라면서 건물에는 으레 입구와 출구가 있게 마련이라는 것을 알게 되었지만 나는 끝내 그곳에 들어가 볼 기회를 갖지 못한 채 강둑을 떠났지── <13면>

　위의 <예시문 1>은 남편이 발전소와 연관되어 있는 자신의 어린 시절 얘기를 아내에게 들려주는 부분이다. 아이들은 발전소의 문이 잠겨져 있을 때에 패를 지어 창문을 막은 판자를 뜯고 숨어들어가곤 하였지만 남편은 망설이기만 할 뿐 들어가지 못했다고 한다. 남편은 결국 들어가 볼 기회를 갖지 못한 채로 그곳을 떠나야 했으므로 남편에게 발전소는 적의의 상징으로 자리잡게 된다.

　남편은 현재의 생활에서 늘 재봉틀을 돌리는 반복되는 생활을 하지만, 어린시절 발전소에 들어가지 못했던 것처럼, 일상생활의 무게 또한 남편의 마음을 불안하게 하고 무섭게 만드는 기표가 된다.

<예시문 2>

그는 자기의 일에 대해 장인(匠人)다운 자부심을 갖고 있었음에도 그것을 지긋지긋해한다는 것에 나는 놀랐다.

"집에 와서도 재봉틀 소리뿐이야. 버스를 타고도 그 소리를 들어. 귓바퀴에 재봉틀 페달을 걸고 다니는 것 같아. 나는 때때로 내가 미쳐가는 게 아닌가 하는 생각이 들어. 밤에는 당신의 숨소리조차 재봉틀 소리로 들리곤 해. 그때마다 나는 다람쥐처럼 쳇바퀴에 갇혀 평생 그것만을 돌리고 살아야 될 거라는 생각에 문득 견딜 수 없는 무서움을 느껴." <17면>

남편의 일상은 하루 종일 재봉틀을 돌리는 일을 한다. 따라서 남편은 어디에서고 재봉틀소리를 듣게 되는데, 남편은 아내가 숨쉬는 소리조차 재봉틀 소리처럼 들릴 정도로 자신의 일상생활에 지쳐있다. 남편은 늘 재봉틀을 돌리는 일을 하면서 자신이 미쳐가는 게 아닌가, 평생을 다람쥐 쳇바퀴 돌듯, 평생을 그것만을 돌리고 살아갈지도 모른다는 생각에 무서움을 느낀다. 남편이 일상생활에 눌려 무서움을 느끼는 것은 그러한 반복되는 일상생활이 자신을 압도하고 누를 것에 대한 두려움에서 온 것이다. 발전소의 존재자체가 눌림이 되고 두려운 존재가 되었던 것처럼, 반복되는 생활 속에서 남편은 자신의 존재의미를 찾지 못하고 자신의 존재가 아닌 일을 위해서만 살아가야할지도 모른다는 두려움을 갖게 된 것이다. 따라서 남편은 일상에서 조금씩 탈출하려는 욕망을 보임으로써 자신의 존재 찾기에 나서게 된다. 그것은 남편이 불[2]에 대해 관심을 갖는 것에서부터 시작된다.

<예시문 4>
"당신, 불의 기원을 알아?

"원시인들이 벼락에서부터 불씨를 얻어 보존해왔다는 것을 배운 적이

---

2) 불은 '변용의 인자'로서 모든 사물이 불에서 나와 불로 돌아간다는 의미가 있다. 즉 불은 계기성을 띠는 삶 속에 재생되는 씨앗으로 성적 본능과 풍요를 상징한다. 또한 소멸의 형식과 창조의 형식 사이에서 조정자의 역할을 하는 의미로서 불은 물처럼 변형과 재생을 상징한다. 이승훈 편저, 《문학상징사전》, 고려원, 1995, 234면.

있어요."

"아니, 원시인들은 이런 방식으로 나뭇가지들을 한없이 비벼 불을 일으켰어. 막대기가 성냥이 되기까지에는 수만 년이 걸린 거야."

나는 그의 손에서 뜨거워진 마른 풀을 받아들며 이건 좋지 않아, 라고 생각했다. 확실히 그의 속에서는 무언가 변모가, 적어도 달라지고 싶어 하는, 자기의 궤도에서, 들들들들 끓어오르는 재봉틀 소리에서 탈출하려는 욕망이 자라고 있었다. 어쨌든 불에 대한 갑작스러운 그의 관심은 그가 몰래 시를 쓴다는 사실보다 더욱 고약했다. <18~19면>

남편이 불에 대해 관심을 갖는 것은 현재의 자신의 삶에서 벗어나고자 하는 욕망에서 비롯된 것이다. 불에 대한 갑작스러운 관심은 화자인 '나'가 느낄 때 그가 몰래 시를 쓴다는 사실보다 더욱 고약한 것이다. 화자는 남편이 시를 쓰는 것이나 불에 관심을 갖는 것 등이 하나의 사소한 탄식조의 행동인 것으로 생각되었다. 왜냐하면 남편은 성격상 시를 쓰는 것이나 불에 관심을 갖는 것 자체이상으로 현재 남편의 모습을 깨뜨리지는 못할 것이라고 생각하기 때문이다.

<예시문 5>

그가 결코 시인의 꿈을 갖지 않으면서도 탄식조의 시를 쓰는 것으로, 그의 재봉틀 소리에 묶인 생활을 질타하고 모욕하고 고통스러워한다는 것을 스스로 믿고 위안받는 것처럼 성냥을 지니고 다니는 것도 실제로는 가능하지 않은 탈출의 욕망, 이탈의 시도에 대한 보상 심리가 아닐까 하는 생각을 했던 것이다. 그러나 이제 그는 시를 쓰지 않는다. 나는 그때 성냥불을 그어대는 그의, 마치 배화교도와도 같은 진지한 표정에서 비로소 그의 속에서 발아하고 있는 방화의 욕망이 구체적인 대상에로 접근해가고 있다는 것이 막연하나마 꽤 확실성을 가지고 닿아와 가슴이 섬뜩해졌던 것이다. <20면>

그러나 나의 생각과는 달리 남편은 많이 변해갔다. 그것은 남편이 시를 쓰지 않는 것에서도 알 수 있다. 남편은 시를 쓰거나 무서움과 두려움에 빠져 있지 않으려 한다. 남편의 방화의 욕망은 점점 구체적인 대상에게 접근해가면서 현실 속으로 진입해 들어오려는 의지를 보인다. 남편의 이러한 행동은 자신의 현재적 모습, 반복되는 일상생활에서 오는 고독함, 무의미함 등을 불태우고 새로운 삶의 길을 지향하는 의미를 지닌다.

<예시문 6>
때로 불덩이는 솟구쳐 강물로 떨어져 내렸다. 주위는 낮같이 밝았다. 불길은 조금도 수그러지지 않고 더욱 밝고 기름지게 타올라 소방작업을 하고 있는 사람들은 오히려 장난을 하고 있는 듯 보였다.
"자, 주무세요, 이젠 괜찮아요."
나는 그의 옷을 벗겨 자리에 눕히고 턱에까지 이불을 끌어올려 덮어주었다. 그는 이내 깊은 잠에 빠져들어 갔다. 나는 사이렌 소리가 울릴 적마다 흠칠 몸을 떨며 흐득이는 그를, 아이를 달래듯 팔에 힘을 주어 안았다. <26면>

남편은 발전소에 불을 놓고 집에 돌아와 흐느낀다. '나'는 그런 남편을 아이를 달래듯 안아주며 괜찮다고 위로를 해준다. 남편이 불에 관심을 갖고 급기야 발전소에 불을 지핀 것은 그 자신이 두려워하고 무서워하는 존재를 불태운 것을 의미한다. 어려서부터 발전소에 대해 가졌던 무서움은 현재 반복되는 일상생활에서 갇히게 되는 무서움으로 변한다. 따라서 남편은 무서움의 근원이 되었던 발전소를 파괴시킴으로써 반복되는 일상생활에 갇혀 있는 자아를 회복하려 시도한다. 그러나 남편의 탈출의 욕망이 불이라는 파괴적인 속성을 띰으로써, 일상생활에서 탈출하려는 남편의 욕망이 왜곡된 형식으로밖에 분출될 수 없는 안타까운 현실을 보여준다.

남편이 자아를 회복하려는 조짐을 바라보는 아내인 화자의 반응에서도 안타까운 현실의식이 나타난다. 남편이 귀에서 늘 상 재봉틀 소리가 난다라고 했을 때, 화자는 '누구나 다 그렇게 살아가고 있어요.' 하며 일상생활에서 어떤 의미를 찾기보단 그냥 순응하며 사는 모습을 보여준다. 아내는 남편과 마찬가지로 일상생활을 무미건조하게 바라보며 절실하게 살아가지 않는다. 아내에게도 일상은 늘 상 반복되는 무의미한 것이기 때문이다. 그러나 남편이 발전소에 불을 놓고 와 흐느낄 때 남편의 쓸쓸함을 이해하며 포용함으로써 남편의 탈출의 욕망을 이해하는 변모된 의식을 갖는다.

② 화자 '나' : 화자 '나'는 강둑과 발전소가 보이는 6층 아파트에서 살면서 평상시에는 '소나무 가지 위에 나래를 펴고 외다리로 선 학의 모습'을 수틀에 수를 놓는 평범한 생활을 한다. 그러나 '나'에겐 남편이 없을 때 남편 모르게 하는 행동들이 있다. 그것은 담배를 피우거나 소주를 마시거나 외출을 한다는 것이다. '나'는 남편이 사라지기를 기다렸다가 찬장 그릇 뒤에 숨겨놓은 반동강이의 담배를 꺼내 피우며 밖의 풍경을 바라본다. '나'는 풍경 중 지붕 위로 검정고양기가 걸어가는 모습을 환각으로 보고, 그때마다 가슴이 막히는 듯한 답답함에 한숨을 쉰다. 남편이 없을 때 '나'가 담배를 피우는 등의 행동은 가슴이 막히는 듯한 답답함이 있기 때문이다.

<예시문 1>
그가 나간 뒤 성급한 발소리가 층계 아래로 사라지기를 기다려 나는 부리나케 부엌으로 나가 찬장 그릇들 뒤에 숨겨놓은, 새벽에 피우다 만 반 동강이의 담배를 꺼내 불을 붙였다. 그리곤 다시 방으로 들어와 아파트 비탈길을 내려가는 조그만 그의 모습을 내려다보았다. 발전소 건물과 잇닿은 염색 공장의 납작한 지붕들이 눈에 들어오고 공장의 앞마당에는 물들인 색색의 천들이 휘장처럼 걸려있다.
콜타르를 입힌, 거의 평면으로 보이는 지붕 위로 검정고양이가 스멀스멀 걸어 다니고 있다. 때때로 이른 아침 안개가 채 걷히지 않은 지붕 위로, 또는 오후 비듬처럼 떨어져 내리는 햇빛을 받으며 그림자처럼 움직이는 고

양이의 모습이 마치 환각인 양 보이곤 했다. 그때마다 나는 문득 가슴이 막히는 듯한 답답함에 아하 하고 한숨을 쉬곤 했다. <14~15면>

남편은 밤늦게까지 일을 하며 '나'의 고독한 시간을 채워주지 못한다. 남편 또한 자신의 고통에 허덕이고 있기 때문이다. '나'가 고양이의 모습을 환각인 것처럼 생각하며 가슴이 막히는 것 같은 답답함을 느끼는 것은 '나'에게 현실은 의미를 잃은 환각 그 이상의 의미를 지니지 못하기 때문이다. 따라서 나는 남편이 없을 때면 담배와 술을 마시며 고독을, 무의미함을 견디어 내려한다. 그러나 '나'는 이와 같은 고사상태를 벗어나기 위해 어떠한 노력도 하지 않으려 한다.

<예시문 2>
늘 그러하듯 작정을 하고 나서는 걸음은 아니었다. 그가 밤일에 묶여 있는 동안, 또는 때로 바람의 방향을 가늠하여 성냥갑 속의 불씨를 감추고 알지 못할 어두운 골목골목을 야행 동물처럼 눈을 빛내며 서성이고 있을 동안, 나는 몇 개비의 담배를 피워 없애듯, 때로는 한 잔의 소주를 조금씩 아껴가며 삼키듯 밤의 그 현란한 풍경 속으로 산책을 나가보려는 것이다.
그리고 돌아와 양치질로 담배 냄새와 소주의 독한 맛을 간단히 가셔낸 후 활활 걷어붙이고 세수를 하고 발을 씻고 자리에 누워 결코 들릴 리 없는, 풀잎에 듣는 빗소리에라도 귀기울이는 시늉을 함으로써 거리의 흔적을 없앨 수 있을 것이다. <24면>

'나'는 남편이 없는 사이 담배를 피우듯, 소주를 마시듯 산책을 나간다. 산책에서 돌아와서는 거리의 흔적을 말끔히 없애기까지 한다. 이와 같은 행동은 '나'의 의식이 결코 남편과 완전한 관계를 형성하지 못하고 있음을 반증한다. 또한 '나'의 의식과 생활이 심하게 분열되어 있음을 의미한다. 남편이 있는 곳에서의 '나'와 남편이 부재하는 곳에서의 '나'의 모습이 일치하지 않으므로 동일성을 잃기 때문이다. 그러나 '나'는 남편이 자신의 자아를 잃어가는 것에 대한 무서움을 고백했을 때, 그것을 일축함으로써 삶에 어떠한 의미를 찾는 것에 아무런 의지를 보여주지 않는다. 이는 '나'가 생활 속에서 의미 찾기를 이미 포기했기 때문이다.

<예시문 3>
"누구나 다 그렇게 살아가고 있어요."
나는 늙은이처럼 음침하게 말하는 것으로 그의 말을 일축해버리고말지만 한번도 본 적이 없는 그의 일터의 상황을 얼마든지 상상할 수 있었다. 그가 나가고 난 다음의 빈방에서 더욱 확연히 들려오는 재봉틀 소리, 때묻은 옷가지, 시든 꽃들, 낡은 벽지에서 묻어나는 시간의 찌꺼기, 그리고 언제든 창을 열면 바짝 다가와 시선을 막는 발전소 건물에 대한 끊임없는 적의. 그러나 나는 아직 마치 어항 속에서 죽어가는 붕어가 조금이라도 산소를 더 마시기 위해 마지막까지 수면에 주둥이를 내놓고 뻐끔거리듯 절실하게 생활의 흐름을 바꾸고자 소망하지는 않는다. <17면>

'나'는 남편이 자신의 일을 두고, 다람쥐처럼 쳇바퀴에 갇혀 평생 그것만을 돌리고 살아야 할지도 모른다는 무서움을 호소했을 때 그것을 차갑게 일축한다. '나'는 남편과 마찬가지로 일상생활에서 아무런 의미를 발견하지 못한다. 그러나 남편이 일상생활에 갇혀 있게 될지도 모른다는 의식을 갖는 반면, '나'는 그런 남편의 의식을 무시하며, 무의미한 생활의 흐름을 바꾸려고 소망하지 않는다. '나'가 이와 같이 생활에서 무의미한 의식을 보여주는 것은 이년 전에 돌까지 자란 아이를 탈수증으로 잃었던 경험이 계기가 된다.

<예시문 4>
그러자 이태 전에 죽은 아이가 생각키웠고 그것은 별다른 감정을 일으키진 않았지만 가슴께에 생생한 통증을 가져왔다. 그 애는 돌이 지나고 얼마 안 되어 심한 탈수증으로 죽었다. 그럴 수밖에 없었어. 나는 세운 무릎으로 지그시 가슴을 누르며 생각했다. 그는 종일 간판만 양복점으로 내걸었을

뿐 내재봉소에 지나지 않는 구석방에서 끊임없는 재봉틀질로 나날이 하얗게 쇠고 겉늙어가고 나는 아파트의 6층 꼭대기에서 날지 못하는 학의 날개를 메우며 바깥 날씨가 어떤지도 모르고 지내기가 대부분인 이런 생활에서 태어나는 아이를 상상할 때마다 고미 다락방에서 창틀을 타고 올라가는 콩덩굴을 바라보며 나날이 죽어가는 병약한 소년의 이야기를 생각하게 된다. 햇빛을 못 보고 자라나는 아이들은 아마도 곱사등이나 심할 경우 척추가 퇴화한 연체 동물이 되어버릴 것이다. <22면>

'나'는 죽은 아이를 생각하며 가슴께에 아직 생생한 통증을 느낀다. 남편과 '나'의 현재 모습은 병약한 소년으로 비유된다. 남편은 구석방에서 끊임없는 재봉틀 질로 나날이 겉늙어가고, '나'는 아파트의 6층 꼭대기에서 날지 못하는 학의 날개를 메우며 태어나는 아이를 상상한다. 남편과 '나'는 햇빛을 못 보고 자라나는 아이들처럼 현재 퇴화하고 있고 죽어가고 있는 것으로 비유된다. 무의미한 삶의 의식으로 일관된 '나'의 행동은 남편이 발전소에 불을 지르고 돌아와 흐느끼는 것을 어루만져주면서 변화되는 모습을 보인다.

<예문 5>
창의 붉은빛은 좀처럼 사라지지 않고 방안을 가득 채워 우리는 마치 조금도 뜨겁지 않은 화염 속에 나란히 누워 있는 듯했다. 나는 어린 아이를 잠재우듯 그의 머리를 가슴 깊숙이 안고 있지만 꺼멓게 타버린 재를 안고 있는 듯한, 또한 불이 타고 있는 강 건너, 꽃보다 더 진한 어둠 속에서 메마른 목소리로 울고 있는 한 마리 삶을 보고 있는 듯한 쓸쓸함에 짐짓 소리 내어 우는 시늉을 하였다. <26면>

'나'는 남편의 고독과 쓸쓸함을 이해하게 된다. 이제 '나'는 남편이 무서움을 호소했을 때 일축해버리던 '나'가 아니다. 남편이 무의미한 일상의 고독에 갇혀 있을 때는 '나' 또한 그러한 고독에 갇혀 남편과의 소통이 이루어지지 못했다. 그러나 남편이 자신의 존재 자체에 위협을 가하고 있다고 생각하는 상징물인 발전소를 불태움으로 그것에서 벗어나고자 하는 욕망을 구체적으로 실행하자, '나'의 의식은 곧 남편의 처절한 내면정황과 그 쓸쓸함을 이해함으로써 일치를 이루게 된다.

2) 인물 제시방법

<불의 강>은 화자 '나'와 남편이 주인공으로 1인칭 주인공 시점과 관찰자 시점이 함께 사용된다. 화자인 '나'는 남편을 관찰하며 남편의 변해가는 심리를 객관적으로 그려내고 동시에 자신의 심리를 그려낸다. 따라서 남편의 심리는 화자의 눈에 비친 모습과 행동에 의해서 그려지고, '나'에 대한 심리는 직접적인 서술과 함께 이루어진다.

① 남편 : 객관적인 서술의 방식으로 인물의 내면 제시
<불은 강>은 1인칭 관찰자 시점에 의해서 서술되기 때문에 남편의 모습은 화자의 눈에 비쳐진 모습 안에서만 의미를 갖고 그 심리 또한 아내의 관점에서 제시된다. 따라서 남편의 모습은 하나의 사물처럼 아내에 의해 관찰되고 객관화되는 장면으로 많이 나타난다. 이때 화자와 남편은 거리감을 갖게 되는데, 이는 현재 화자의 심리와 남편의 심리를 반영한 것이라 할 수 있다.

> <예시문 1>
> 창틀에 동그마니 올라앉은 그는, 등을 한껏 꼬부리고 무릎을 세운 자세 때문에 어린 아이처럼, 혹은 늙은 꼽추처럼 보인다. 어쩌면 표면장력으로 동그랗게 오므라든 한 방울의 수은을 연상시켜 그 자체의 중량으로 도르르 미끄러져 내리지나 않을까 하는 아찔한 의구심을 갖게도 한다. 그러나 창에는 철창이 둘려 있기 때문에 나는 마치 렌즈의 핀을 맞출 때처럼 객관

적인 거리를 유지하며 냉정한 눈으로 그를 살필 수 있다.

그의 살갗 밑을 흐르는 혈액 속에는 표면장력이 있어 그는 늘 그렇게 자신의 표면적을 최소한으로 줄이려는 염원으로 잔뜩 웅크린 채 조심스럽게 살아가고 있는 것 같다. 미안합니다, 아주 죄송스럽군요, 하는 듯한 웃음을 언제든 필요할 때 즉시 내보낼 수 있도록 입 안쪽 어디쯤에 고여 두고 있는 것 같기도 하다. <7면>

위의 <예시문 1>은 소설의 서두 부분이다. 서두 부분이 남편의 모습을 관찰한 묘사로 시작되면서 소설의 중심에 남편이 있고, 그를 바라보는 화자의 심리가 중점적으로 그려질 것이라는 것을 알 수 있다.

남편은 창틀에 등을 꼬부리고 무릎을 세운 자세로 앉아 있어 어린 아이로, 혹은 늙은 꼽추로 보인다. 화자는 남편의 모습을 묘사하면서 연상되는 단어로 남편의 이미지와 내면심리를 그려준다. 남편은 어린 아이와 늙은 꼽추, 한 방울의 수은 등을 연상시킨다. 그런 남편을 바라보는 화자의 심리는 '아찔한 의구심'이 들지만, 창에 철창이 둘려있기 때문에 객관적인 거리를 유지하며 냉정한 눈으로 살피는 거리감을 보여준다. 위의 단락은 남편의 겉모습으로 어딘지 위축되어 있는 남편의 겉모습과 심리를 그려내고, 아울러 그런 남편을 거리감을 갖고 바라보는 화자의 심리가 제공되어, 화자가 가지고 있는 남편에 대한 생각 또한 남편에 대해 알려주는 정보의 구실을 한다.

화자는 남편의 혈액 속에는 표면장력이 있어 자신의 표면적을 최소한으로 줄이려는 염원으로 잔뜩 웅크린 채 조심스럽게 살아가고 있는 것처럼 보인다고 생각한다. 화자의 이와 같은 서술은 남편이 늘 웅크린 채 조심스럽게 살아가는 현재적 삶의 모습을 암시해준다. 따라서 남편에 대한 정보는 남편에 대해 화자가 갖고 있는 인상중심으로 이루어지면서, 남편의 심리를 이해시키는 방식으로 이루어진다.

<예시문 2>

요즘 들어 그는 밤 외출이 부쩍 잦아졌다. 밤일을 하고 새벽에 들어 온 날이면 영락없이 그는 해가 지기를 기다려 공연히 손마디를 뚝뚝 꺾거나 머리칼을 쓸어 보이며 머리가 많이 자랐어, 보기 흉하지? 혹은 목욕이나 갈까 봐, 온통 근질근질해서 살 수가 있어야지 하고 주춤거리며 빠져나갈 구실을 찾고, 그때마다 내가 할 수 있는 것이란 고작 쓸쓸한 표정을 짓는 일뿐, 함께 가요, 혹은 데리고 가줘요, 라고 말하지 못한다. 왜 그러는 거예요? 어디로, 누구에게로 가는 거지요?라고 투정을 하기에는 석연치 않은 그의 태도에도 불구하고 어딘가 단호한 구석이 엿보이기 때문이었다. 내가 만약 그렇게 말한다면 심약한 그는 밤의 외출을 그만둘지 모른다. 그러나 나는 그렇게 그가 갇혀 있는(그렇다, 그는 갇혀 있다고 밖에는 생각지 않을 것이다) 동안의 그의 불안을, 초조함을 메울 자신이 없다. <10면>

위의 <예시문 2>에서 화자는 밤을 새운 뒤 들어오는 남편의 얼굴에서 무언가 어둡게 긴장되어 있는 것을 발견한다. 그것은 밤 외출의 전조이다. 남편은 밤 외출에 집착하고, 화자는 그것을 막지 못한다. 밤 외출을 하지 못하게 할 때 남편의 불안과 초조함을 메울 자신이 없기 때문이다. 위의 단락에서 남편의 심리는 전적으로 화자에 의해 제공된다. 남편이 밤 외출을 준비할 때 나른한 표정 깊숙이에서 무엇인가 어둡게 긴장된 것을 발견한 것도 화자에 의해서 제공되고, 밤 외출을 하지 못하게 됐을 때에 남편이 갖게 될 불안과 초조함에 대한 정보도 화자의 생각에 의해서 서술된 것이다. 이러한 서술의 의도는 남편의 심리에 대한 제공과 함께 남편의 심리가 어떤 식으로 변모될 것인지에 대한 기대감을 준다. 이와 같이 남편이 지니고 있는 심리는 화자에 의해 기술되고 그 의미를 획득하게 된다. 남편이 자신의 어린 시절을 얘기하는 장면은, 화자가 남편에 대해 갖게 된 생각을 좀더 구체적으로 확인시켜준다.

<예시문 3>
　게다가 발전소의 문은 늘 굳게 잠겨져 있었어. 상상 속에서 그것은 입구
는 있되 출구는 없는, 수많은 방과 미로를 가진 유령의 성이었어. 그리고
점차 그것은 거대해져가는 거야. 아이들은 가끔 패를 지어 창문을 막은 판
자를 뜯고 그곳에 숨어들어갔고 그곳의 수많은 방과 미로에 대해 흡사 박
쥐굴의 탐험담처럼 떠들어댔지만 나는 망설이기만 할 뿐 들어가질 못했
어. 망설이는 동안 그것은 더욱 거대해지고 견고한 적의의 상징으로 자리
잡게 되었어. 자라면서 건물에는 으레 입구와 출구가 있게 마련이라는 것
을 알게 되었지만 나는 끝내 그곳에 들어가 볼 기회를 갖지 못한 채 강둑을
떠났지— <13면>

　위의 예시문에서 남편은 아내에게 자신의 어린시절, 발전소에 들어가지 못
하고 망설이기만 했던 시간을 얘기해준다. 남편의 마음에는 화자가 생각하는
것처럼 망설임과 두려움이 존재한다. 남편이 자신의 어린시절을 얘기해주는
것은 남편의 마음의 상태를 알려주는 좋은 정보가 된다.

<예시문 4>
　나는 그의 손에서 뜨거워진 마른 풀을 받아들며 이건 좋지 않아, 라고 생
각했다. 확실히 그의 속에서는 무언가 변모가, 적어도 달라지고 싶어 하는,
자기의 궤도에서, 들들들들 끓어오르는 재봉틀 소리에서 탈출하려는 욕망
이 자라고 있었다. 어쨌든 불에 대한 갑작스러운 그의 관심은 그가 몰래 시
를 쓴다는 사실보다 더욱 고약했다.
　그는 성냥을 꺼낸 누운 채 마른 잔디에 불을 붙였다. 불빛에 얼핏 드러나
는 그의 얼굴은 진지하고 아주 열중되어 있었다.
　"당신에게 성냥갑 수집 취미가 있는 줄은 몰랐어요."
　나는 익숙하게 성냥을 긋는 그의 손놀림에 눈을 주며 말했다. 그는 움칠
손을 움츠렸다.
　"그저 얻었어, 음식점에서 주더군."
　그는 낭패한 기색이었다.
　"뭐, 그냥 예쁜 칼 따위를 마스코트로 지니고 다니는 사람들도 있잖아." <19면>

화자는 남편의 마음에 무언가 변모가 일어나고, 늘 들려오는 재봉틀 소리에서 탈출하려는 욕망이 자라고 있다는 것을 깨닫는다. 이러한 깨달음 또한 화자의 생각에 의해서 남편의 심리가 제공된다. 그리고 그러한 화자의 서술에 반응하여 남편이 성냥을 꺼내 마른 잔디에 불을 붙이는 서사의 과정이 가미됨으로, 남편의 욕망은 구체적인 현실이 된다. 이렇게 남편에 대한 인물 제시는 화자에 의해 남편의 외모와 행동이 기술되고, 그것에 대한 심리를 구체적으로 그려내는 방식으로 이루어진다. 그리고 화자가 관찰한 것에 부응하는 남편의 행동이 서사적으로 구체화됨으로써 남편에 대한 화자의 관찰이 사실임이 증명된다.

② 화자 '나' : 화자 '나'는 남편의 모습과 행동을 묘사하면서 그에 대한 심리까지 함께 서술해준다. 또한 그런 남편을 바라보는 자신의 입장을 1인칭 주인공 시점으로 구체적으로 설명해준다. 화자의 주인공 시점과 관찰자 시점은 인물의 심리변화를 그려내는 데 초점을 맞춤으로 소설의 서사를 이끌어 가는 주요한 역할을 한다. 그러나 1인칭 주인공 시점은 관찰자 시점과 달리, 자신의 모습을 묘사하지 못하는 한계를 가지고 있다. 따라서 주인공의 내면은 대화를 통해서 이루어지거나, 사물에 대한 생각 또는 의식의 흐름의 기법으로 자신의 내면을 서술하는 방식으로 이루어지게 된다.

<예시문 1>
창틀의 바로 위는 옥상이다. 그곳에 설치된 비상용 물탱크에서는 뚜렷한 틈도 보이지 않으면서 늘 조금씩 물이 흘러내려 벽에 더러운 얼룩을 만들고 용케도 그 물기를 피한 곳에 거미줄이 쳐져 있다. 그리고 거기에는 엄지손톱 크기의 회흑색 거미가 등에 새끼를 잔뜩 진채 거미줄 사이를 힘겹게 마치 곡예를 하듯 기고 있었다. 거미 새끼는 어미 등을 파먹으며 산다지, 그래서 껍질만 남으면 훅 불어버린대. 그러니깐 거미는 눈에 띄는 대로 잡

아 죽이렴. 거미는 집요하게 좇고 있는 이쪽의 시선을 느꼈음인지 심상찮
은 입김을 느꼈음인지 때로 죽은 듯 다리를 사리고 멈추기도 한다. <9면>

위의 <예시문 1>은 옥상위에 살고 있는 거미를 통해 화자의 심리를 상징
적으로 보여준다. 거미의 새끼는 어미 등을 파먹으며 살아, 어미가 껍질만 남
으면 혹 붙어버리는 잔인한 모습을 지니고 있다. 화자의 심리는 이년 전에 죽
은 아이에 대한 상처로 어떤 의욕을 갖거나 소망을 갖고 있지 못한 상태이다.
새끼거미에게 등을 파 먹히는 어미 거미처럼, 화자의 생활은 죽은 아이에 대
한 상념과 그로 인해 생긴 우울함으로 일관된다. 화자의 생활은 거미에 대한
이야기에서, 남편이 부재했을 때 보여주는 담배와 술, 외출 등의 방식으로 우
울함이 구체적으로 나타난다.

<예시문 2>
그가 나간 뒤 성급한 발소리가 층계 아래로 사라지기를 기다려 나는 부
리나케 부엌으로 나가 찬장 그릇들 뒤에 숨겨놓은, 새벽에 피우다 만 반 동
강이의 담배를 꺼내 불을 붙였다. 그리곤 다시 방으로 들어와 아파트 비탈
길을 내려가는 조그만 그의 모습을 내려다보았다. <14면>

늘 그러하듯 작정을 하고 나서는 걸음은 아니었다. 그가 밤일에 묶여 있는
동안, 또는 때로 바람의 방향을 가늠하여 성냥갑 속의 불씨를 감추고 알지
못할 어두운 골목골목을 야행 동물처럼 눈을 빛내며 서성이고 있을 동안, 나
는 몇 개비의 담배를 피워 없애듯, 때로는 한잔의 소주를 조금씩 아껴가며
삼키듯 밤의 그 현란한 풍경 속으로 산책을 나가보려는 것이다. <24면>

위의 <예시문 2>에서 화자는 남편이 없을 때 담배를 피우거나, 소주를 마
시고, 밤의 현란한 풍경 속으로 산책을 나간다. 이와 같은 행동은 화자의 쓸쓸
한 심리를 상징한다. 그러나 소설에 사용된 주인공 시점은 정작, 화자의 내면

심리를 구체적으로 그려내는 방식에 사용되진 않는다. 화자의 심리는 남편의 모습과 행동을 관찰하면서, 남편의 심리를 구체적으로 표현하는 방식으로는 이루어지지만, 자신의 심리가 어떠한지에 대해서는 구체적으로 설명하지 않는다. 따라서 이러한 시점의 방식은 남편과의 거리감과 함께 화자 자신에 대한 거리감을 줌으로써 어딘지 쓸쓸하고 낯선 소설적 분위기를 자아낸다.

> <예시문 3>
> 금주(禁酒) 시대였는데 술집 주인은 먼 길을 가는 우리를 위해 술을 한 병 내주었다. 우리는 그것을 들고 사막을 건넜다. 사막은 여전히 불투명한 붉은빛이었고 그에 대한 기억은 확실치 않다. 함께 가고 있다는 느낌뿐 실체는 느껴지지 않았다. 사막을 다 건넌 후 마른 목을 축이고자 병을 땄을 때 술은 뜨거운 물이 되어 수증기로 피어올랐다. 마법의 병처럼 그곳에 갇힌 수증기는 좁은 아구리로 빠져나오려고 뒤엉켜 비비적대고 있었다. 그때 그가 말했다. 동남풍이야. 바람이 알맞게 부는군.
> 먼 곳에서부터 울리는 사이렌 소리가 어지럽게 들려왔다. 창문이 버얼겋게 달아오르고 있었다. <25면>

위의 <예시문 3>은 화자가 꿈을 꾼 장면이다. 꿈에서 화자와 남편은 금주(禁酒)의 시대였는데도 술집 주인에게 술병을 받아 사막을 건넌다. 사막은 화자와 남편의 황량한 내면을 상징한다. 목을 축이고자 병을 따자 술은 물이 되어 수증기로 증발해버리게 된다. 화자와 남편의 내면의 갈증은 술이 물로 증발해버림으로써 채워지지 않지만, 동남풍이 불어옴으로 더위에 대한 갈증은 사라진다. 이는 남편이 발전소에 불을 놓아 발전소가 불타오르는 장면과 이어짐으로써, 남편은 자신들을 소진케 하는 삶의 무게를 도망치듯 태워버렸음을 의미한다. 화자에 대한 심리는 구체적으로 사물에 대한 생각, 대화, 꿈의 방법으로 객관화되어 서술된다. 이는 주인공 시점임에도 자신과의 거리감을 유지함으로써, 남편의 의식에 더 집중을 시키고, 남편의 변화해가는 심리에 부응하여 화자의 심리를 전달하기 위한 것이다.

2. <적요>3) 플롯 분석

1) 부분과 전체구조

(1) 서두 단락과 전체구조 의미 찾기

<적요>는 일인칭 주인공 서술자 '나'가 점점 노쇠해가는 몸과 외로워하는 마음을 하루의 일상을 통해 서술하는 소설이다. 소설의 서두부분은 전체서사를 핵심적으로 담아내고 있으므로, 서두부분의 구조해석은 소설의 의미를 이해하는 단서가 될 수 있다.

> <예시문 1>
> 내가 눈을 뜬 것은 여느 때와 마찬가지로, 현관문의 열쇠가 맞물려 돌아가는 매끄러운 음향 때문이었다. 그러나 나는 누운 자리에서 꼼짝하지 않고, 햇빛이 마치 나팔꽃 덩굴처럼 창틀을 타고 부쩍부쩍 기어오르는 대견찮은 풍경을 바라보며 이어 들려올 마루를 딛는 조심스러운 발자국 소리, 수돗물 트는 소리를 기다렸다.
> 매일 아침 여덟시가 되면 가정부는 그녀와 내가 각기 하나씩 나우어 가지고 있는 열쇠로 현관문을 열고 들어온다. 내게 아침을 차려주고, 청소를 하고, 김치를 담그고, 빨래를 해치우고 이 모든 일을 마치게 되는 열한시경에는 돌아갈 채비를 서두른다. <78면>

위의 <예시문 1>에서 서술자 '나'는 가정부가 열고 들어오는 열쇠소리에

---

3) 오정희, <적요>, 《불의 강》, 문학과 지성사, 2001.

잠을 깨고 가정부가 차려주는 음식으로 밥을 먹는 등 가정부에 의지하는 생활을 한다. 가정부는 나의 생활을 유지하게 하는 보조적인 인물이지만, 내가 가정부에 의지하며 삶으로써 가정부의 존재는 나에게 절대적인 존재일 수 있다. 그러나 가정부가 오고 나서야 잠에서 깨어나는 내 생활이 시작되듯이 내 생활은 정적이고 수동적인데 비해, 가정부는 나와 대조되는 동적이고 생생한 생활을 한다. 두 인물의 생활방식은 소설전체의 서사를 이끌어가는 모티브로 작용한다.

(2) 모티프와 전체 의미 형성 관계

<적요>는 '나'의 고독한 내면을 드러내는 정적인 모티브와 '나'와 '나'가 지향하는 동적인 모티브가 대립되며 주요 서사를 이끌어간다. '나'는 고독과 외로움은 죽음과 죽음이후에 혼자 썩어질 것에 대한 두려움을 지닌다. '나'는 고독과 죽음의식을 느낀다. 따라서 '나'의 고독한 심경을 드러내는 상황적 모티브와 내면적 모티브를 찾아내어 그 의미를 해석하면 정적인 모티브가 전체 구조에 어떻게 기여하고 어떠한 의미를 형성하는지 이해할 수 있게 된다. 그러나 '나'는 무의식중에 죽음의식에서 벗어나고 싶은 욕망을 지니게 된다. '나'가 지향하는 동적인 세계는 곧 외부적인 세계에서 올 수 밖에 없다. 따라서 소설에서 정적인 모티브와 동적인 모티브의 의미를 파악하고 그것이 '나'의 내면에 어떠한 작용을 하는지 그 의미를 해석할 때 작가가 지향하는 세계의식을 규명할 수 있다.

① 정적인 모티프
<예시문 1>
나는 그녀가 벌집처럼 빼곡히 들어찬, 황토색 페인트가 칠해진 아파트

구역을 빠져나가는 것을 끝까지 좇을 수가 없었다. 눈이 시기 때문이다. 요즘 들어 시력이 부쩍 약해졌는지 걸핏하면 눈물이 나고 앞을 볼 수가 없다. 못쓰게 되는 건 눈뿐이 아니다. 며칠 전에는 어금니 두 개가 한꺼번에 으스러져버렸다. 피도 나지 않은 채 더러운 이빨 부스러기가 흡사 모래를 한 입 문 듯 입 안 가득 지금거렸다. 통증도 없었다. 아픔을 느낄 수 있는 신경은 이미 죽어버린 모양이었다. 어금니 솟았던 자리가 휑하게 비어 혀를 밀어 넣으면 남아 있는 이빨뿌리만 가시처럼 걸렸다. 밤새도록 새김질하듯 혀를 내둘러 목 안의 침을 다 말리며 애를 태우다가 이튿날 아침, 들어서는 가정부에게 대뜸 입을 벌려보았다. 잇몸에 남아 있는 뿌리를 뜯어내달랄 참이었다. <82면>

위의 <예시문 1>는 옥상에 앉아 일을 마치고 가는 가정부의 뒷모습을 눈으로 좇다가 자신의 몸의 변화를 서술한 부분이다. '나'의 눈은 눈물이 나서 앞을 볼 수가 없을 정도로 시력이 점점 약해져간다. 또한 며칠 전에는 어금니 두 개가 한꺼번에 스러져버리는 일도 있었는데, 아픔을 느낄 수 있는 신경이 이미 죽어버려 통증도 없다. 나의 몸과 마음이 약해져가면서 화자의 마음은 점점 고독과 허무함이 짙어가고 죽음의식을 갖게 된다.

<예시문 2>
며칠 전에도 나는 깜깜한 밤중, 옥상에서 눈을 떴다. 해가 질 무렵까지 앉아 있었는데 어느 순간 두통이 오고 그리고 노을빛이 푸르스름하게 변하던 것이 기억할 수 있는 전부였다. 깨어보니 나는 옥상바닥에 모로 누워 있었다. 눈 위로 별이 총총히 쏟아지고 있었고, 웅덩이에선 개구리가 울고 있었다. 이마에 통증을 느낀 것은 방안에 들어와 거울에 비쳐보고 시퍼렇게 피멍이 든 자국을 발견하고 나서였다. 의자에서 쓰러지면서 옥상 난간에 몹시 부딪쳤던 모양이었다. 나는 때때로 부엌에서 변소에서 때로는 옥상을 올라가는 층계에서 깨어났다. 분명히 병이라고 생각되었으나 진단이나 치료를 원할 이유는 없었다. 나는 죽어야 할 나이를 훨씬 넘겨 살고 있기 때문이다. 다만 죽은 뒤에 누구에게도 발견되지 않고 썩어갈 것이 두려울

뿐이었다. <87면>

위의 <예시문 2>에서 '나'는 두통을 느끼다가 쓰러져버린다. '나'는 부엌이나 변소, 또는 옥상을 올라가는 충계에서 깨어나며 여기저기 부딪쳐 피멍이 들어있다. 그러나 '나'는 죽은 뒤에 누구에게도 발견되지 않고 썩어갈 것에 대해 두려움을 느낄 뿐이다. 나의 생활을 고독하다. 통증을 느끼며 쓰러져도 발견할 사람이 없고, 죽은 이후에도 돌봐줄 이가 아무도 없는 고독한 생활을 한다. 따라서 '나'는 매일 오는 가정부의 월급을 늦춰가며 집에 계속 오도록 유인하기도 한다. '나'의 몸의 노쇠함과 죽음에의 공포는 '나'의 고독한 마음을 또한 대변해준다. 반신불수의 몸에 점점 변해가는 노쇠함은 죽음의식과 함께 고독한 마음을 갖게 한다.

② 동적인 모티프
　<예시문 1>
　"아유, 정말 대단한 날씨예요."
　그녀는 다시금 수건을 탁탁 털었다. 그녀의 말이 아니더라도 갓 널어놓은 빨래에서는 수증기가 피어오르는 듯하였다.
　"여름인걸."
　그녀는 내게 바짝 다가섰다. 나는 앉아 있고 그녀는 서 있는 탓에 나는 그녀의 표정의 변화보다 먼저 얇은 옷에 감춰진 둥근 배의 움직임을 알아차릴 수 있었다.
　그녀는 쉬이 갈 기색을 보이지 않았다. 햇빛에 토마토빛으로 달아오른 얼굴을 찡그리며 말의 첫마디를 찾으려고 애쓰고 있었다. 그녀의 배는 미묘하게, 그러나 불규칙하게 내 어깨 근처에서 오르내리고 있었다.
　"땀을 많이 흘렸을 텐데 찬물이라도 끼얹고, 점심이나 같이하고 가지 그래. 아무래도 곧 점심을 먹어야 할 테니." <79>

위의 <예시문 1>은 '나'가 옥상에서 해바라기를 할 때 가정부가 올라와 빨래를 너는 모습을 묘사한 부분이다. 가정부는 '나'의 생활을 도와주는 외부의 인물이다. 가정부의 얼굴은 햇빛에 토마토 빛으로 달아오르고, 감춰진 둥근 배가 미묘하고 불규칙하게 오르내리는 등 동적인 이미지를 지니고 있다. 따라서 '나'는 가정부와 함께 있는 것을 좋아하고 가정부가 오지 않을까봐 두려워하는 마음까지 갖는다. '나'는 가정부로 함유되어 있는 동적인 세계를 그리워하고 지향한다.

<예시문 2>
　그녀는 별반 주저하는 기색이 없이 엄지와 검지를 입 안에 밀어 넣었다. 물기가 닿지 않은 손에서는 값싼 크림 냄새가 났다. 분홍빛의 건강한 손가락이 부드럽게 잇몸을 어루만졌다. 순간 나는 온몸이 스멀거리는 듯한 근지러움에 몸을 뒤틀었다. 그 근지러움은 이상하게도 이미 오래 전에 마비된 몸의 왼쪽 부분에도 전해져 그것들은 일어나려고, 소생하려고 꿈틀거렸다.
　내가 그녀의 싱싱한 손가락을 힘껏 깨문 것과 그녀가 비명을 지르며 내 입을 후려친 것은 동시에 일어난 일이었다. 그녀의 검지손가락 둘째마디쯤에 이빨 자국이 깊이 박혀 파랗게 죽어 있었다.
　나는 아파서 그랬다고, 아마 손가락이 신경을 건드린 모양이라고 궁색한 변명으로 사과를 했고 그녀는 치맛자락으로 손가락을 싸쥐며 애써 아픔을 참는 기색이었으나 눈에는 미친개를 보는 듯한 공포가 있었다. <82~83면>

　<예시문 2>는 가정부가 '나'의 어금니 뿌리를 뽑아주다가 깨물린 장면이다. 가정부의 손가락이 '나'의 입안에 들어올 때, '나'는 온몸이 스멀거리는 듯한 근지러움으로 가정부의 손가락을 물어버린다. 가정부의 손가락은 '분홍빛의 건강한 손가락'으로 육감적인 이미지를 지닌다. 가정부의 손가락이 입안에 들어오자 마비된 몸이 소생하려고 꿈틀거리기 조차한다. '나'는 근지러움을 참지 못하고 그녀의 손가락을 깨문다. 나의 이러한 행동은 동적인 이미지를 지니고 있는 그녀의 손가락을 소유하려는 마음에 기인한 왜곡된 행동이

다. 따라서 소설의 서사는 정적인 이미지를 지닌 '나'가 동적인 이미지를 추구하고 소유하는 방식에 그 의미가 있다고 할 수 있다.

> <예시문 3>
> 나는 일어서려다 다시 주저앉아 그 애를 불렀다. 그 애의 잇자국이 박힌 수밀도의 물 많은 과육이 진한 분홍빛으로 빛나고 있었다. 나는 그것을 보고 있는 사이 언젠가 가정부의 손가락이 잇몸을 간질였을 때처럼 참을 수 없는 근지러움에 아아, 소리를 칠 뻔하였다. 그러나 그애는 가까이 오지도, 그렇다고 물러서는 빛도 없이 언제까지나 그대로 서 있었다.
> 나는 주머니에서 동전을 한 닢 꺼내들고 다시금 그 애에게 가까이 오라는 손짓을 해보였다.
> "이걸 갖겠니?"
> 그 애는 내가 하고 있는 짓을 잘 모르는 성싶었다. 나는 동전을 잘 보이게끔 쳐들었다.
> "지금은 이것뿐이지만 우리 집에 가면 더 줄 수도 있다. 우리 집에 가면 더 줄 수도 있다. 우리 집에 함께 가겠니?" <91~92면>

<예시문 3>에서 '나'는 공원에 나가 아이들에게 사탕을 나누어 주다가 새로 이사 온 낯선 아이에게 동전을 주며 집에 가자고 한다. 다른 아이들은 집에 다 갔음에도 낯선 아이는 '나'를 바라보며 떠나지 않는다. 그러나 '나'가 낯선 아이에게 동전을 주며 집에 가자고 하는 것은 그 아이가 가지고 있는 잇자국이 박힌 수밀도의 육감적인 이미지 때문이다. 수밀도는 가정부의 손가락과 마찬가지로 '나'에게 뭔지 모를 근지러움을 일으켰다. '나'는 낯선 아이를 데려와 만화영화를 보게 한 후, 아이가 집에 가지 못하게 주스에 수면제를 타 먹이고 재우는 왜곡된 행동을 한다. 아이와 아이가 가지고 있는 수밀도는 '나'가 지향하는 동적인 이미지를 상징한다. 그러나 '나'가 그것을 소유할 수 있는 방법은 아이에게 수면제를 먹여 재우는 왜곡된 방식만이 존재할 뿐이다.

정적인 '나'가 지향하는 동적인 세계는 이와 같은 왜곡된 방식으로 존재할 따름이다. 그것은 '나'가 처해있는 상황과 내면의식이 외부의 상황에서 소외되어있고 어떠한 의미 있는 관계도 형성돼있지 못하기 때문이다. 따라서 '나'가 추구하는 동적인 세계는 왜곡된 방식으로 추구될 수밖에 없는 한계를 지니는 것이다.

2) 인과율의 작용

(1) 동기와 결과에 대한 기본적인 감각

① 동적이고 싶은 동기

서술자 '나'가 동적인 세계를 추구하는 것은 죽음 이후의 혼자 방치된 체로 있을 것에 대한 두려움 때문이다. 이는 스러져가는 육체에 대한 허무의식과 함께 죽음 이후까지 스며드는 고독함과 허무함에 대한 두려움이다. '나'의 몸은 현재 반신불수로 지팡이가 없으면 움직일 수 없는 상태이고, 어금니 두개가 이유 없이 부숴 지는 등 점점 몸이 죽음으로 치닫고 있다. 이러한 죽음에의 공포는 본능적으로 동적이고 생동감 있는 생활에 대한 욕망을 갖게 한다. 동적인 세계에 대한 선망은 '나'로 하여금 한때 젊었을 때의 시간을 생각나게 한다.

> <예시문 1>
> 나는 퍼뜩 그녀의 살오른 허리께에 눈을 두었다. 해물(海物)을 가지고 패를 지어 남녘을 비돌며 도부치던 곳곳에서 안았던 여자들. 으슥한 곳이면 어디서나 미역 다발, 혹은 멸치 부대를 베고 누워 치마를 걷는 그네들의 몸에서는 늘 갯내가 풍겼다. 그리고 안개 속에서 들려오던 둔하고 우울한 무적(霧笛)의 소리. <81면>

<예시문 1>에서 '나'는 남녘을 돌며 곳곳에서 안았던 여자들을 생각한다. 여자들의 몸에선 늘 갯내가 풍겼고, 안개 속에선 둔하고 우울한 무적(霧笛)의 소리가 들려왔다. '나'는 자신인 안았던 여자들에게서 '갯내'가 나는 감각적인 분위기를 회상한다. '나'의 현재 상황에서 젊었을 때 시간은 이미 과거의 회상 그 이상의 의미를 지니지 못한다. 그러나 그때의 시간들은 서술자의 의식이 지향하는 세계가 된다.

> <예시문 2>
> 부용은 올 것인가. 왜 그애는 딱히 언제 오겠다고 말하지 않고 '내주 중에'라는 막연한 말을 했을까. 그애는 내가 사다주던 채색된 유리 목걸이를 걸고 있을까, 그애가 잃던 책갈피에 어느 날 무심히 떨어뜨렸던 가느다란 머리칼과 그 끝에 붙어 있는 비듬을 기억할까, 그 애는 기억할까─ <88면>

<예시문 2>는 '나'의 자녀 '부용'에 대한 생각이다. 현재 '나'에게서 부용만이 과거와 현재를 연결시켜주는 인물이지만, 부용 또한 '나'가 필요할 때 오지 않고, '나'의 마음을 딱히 의지할 수 없는 인물이다. 부용은 '나'가 기다리고 그리워하는 대상이지만, 정확하게 언제 오겠다고 하지 않음으로써 오히려 '나'를 더 외롭게 만드는 존재이다.

② 동적인 힘을 소유하게 된 과정과 결과 의미

서술자 '나' 동적인 세계를 소유하는 과정은 왜곡되어 있다. 어금니의 뿌리를 빼주려고 넣은 손을 무는 것과 낯선 아이를 동전으로 유인해서 수면제를 먹여 재우는 등의 방법은 왜곡된 방법일 수밖에 없다. '나'가 이렇게 왜곡된 방법으로라도 동적인 세계를 추구하는 것은 그러한 세계의 이미지를 보았을 때 오래 전에 마비된 몸에서 스멀거리는 듯한 근지러움을 느끼기 때문이다. 이는 '나'가 추구하는 외부세계를 향한 갈망과 욕망이 '나'의 내면에 강하게 나타나기 때문이다. 그러나 손을 물린 가정부가 '내입'을 후려친 것 등에서 알 수 있듯이 '나'가 추구하는 동적인 세계는 '나'의 욕망을 거부하고 부정한다. 그러나 '나'의 내면에 근지러움으로 마비된 몸이 소생하려고 꿈틀거리고, '나'가 그것을 참지 못하고 그와 같은 동적인 세계를 추구하는 것은 곧 삶에 대한 욕망을 보여준 것이라 할 수 있다. 서술자 '나'가 왜곡된 방식으로 동적인 세계를 추구하는 것은 죽음이나 죽음 이후에 방치될 것에 대한 두려움 때문이 아니다. '나'가 죽음의 세계를 두려워하는 것은 무의식적으로 삶에 대한 소망과 집착을 버리지 않고 있기 때문이다.

3. <관계>[4] 시점 분석

<관계>는 서술자 '나'가 죽은 아들의 아내와 함께 살면서 외로워하는 심리를 그려낸 소설이다. 소설의 서술자 '나'는 한쪽 손과 몸이 마비되어 단장을 의지하며 살아야 하는 몸과 마음이 모두 늙은 노인이다. 따라서 집안에서도 단장이 없으면 거의 한자국도 움직이지 못하는 상태에 있다. 소설은 '나'가 서술자가 됨으로써, 서술자의 관찰과 의식의 흐름을 통해서 전개되어간다. 따라서 서술자가 대상에 대해 갖는 생각은 곧 소설의 서사를 이루는 주요한 도구로 작용한다.

이처럼 <관계>는 서술자 '나'가 중심이 되어 며느리인 '그네'의 생활과 그에 따른 자신의 심리를 관찰하는 복합적인 시점을 취하고 있다. 그러나 서술자는 관찰자적인 시점보다는 '그네'의 생활과 심리를 추측하고 상상하는 방식으로 그녀에 대한 서술을 진행하는 것이 더 강하다. 그것은 그가 움직일

---

4) 오정희, <관계>,《불의 강》, 문학과 지성사, 2001.

수 없는 상태라는 한계도 있지만, 그가 그녀에 대해 상상하는 방법을 취하는 것은 그와 그녀의 관계가 현실적으로는 어떠한 의미를 가질 수 없는 존재이기 때문이다.

1) 서술자 '나'의 시점

<관계>는 서술자 '나'의 심리가 주요 심상을 이루기 때문에, 서술자는 구체적으로 자신의 심리를 서술하는 방식을 취한다. 따라서 서술자 '나'가 서술하는 심리변화는 소설의 의미를 형성하며 서사를 가능케 한다. 우선, 서술자는 서두에서부터 아들의 아내였던 '그네'에 대한 자신의 심리를 구체적으로 그려내면서 그네에 대한 인상을 기술한다.

<예시문 1>
"오늘이 며칠인 줄 아느냐?"
외출에서 돌아온 그네가 다시 출근을 서두르며 팔랑거리는 몸짓으로 내 곁을 지나칠 때 나는 짐짓, 뵈지도 않는 수분네에게 어항의 물을 갈아주라고 소리친 끝을 달아 넌지시 물었어.
수분네에게 물을 갈아 넣으라고 소리친 것은 전혀 괜한 짓이었지. 사실 어항의 물 따위야 아무래도 좋을 것이었어.
그러나 오늘이 바로 그 애의 제삿날이라는 것을 뻔히 알고 있으면서도 굳이 그네에게 되물어 상기시키려는 내 자신의 의도란 지극히 명백한 것이기에 내심 부끄러워진 탓이었어. 더구나 이러한 부끄러움을 내 어조에서 교묘히 숨기기에 나는 너무 서툴렀고 그 서툴름을 그네가 간파했을 때 그네는 의당 있을 수 있는 은근한 비난이나 질책으로 받아들일지도 몰라. 그럴 경우 그네에게 지워지는 감정적 부채감이 표면에 드러낼 부자연스러움과 당혹감은 피할 수 없으리라 저어한 때문에 나는 지나가는 말처럼 넌지시 묻는 것으로 궁색한 위장을 한 것이다. <137면>

위의 <예시문 1>에서 서술자는 아들의 제삿날을 '그네'에게 얘기하는 것에서부터 자연스럽지 못하다. 서술자는 아들의 제삿날을 며느리에게 상기시킨다는 것 자체가 어떤 의도가 명백한 것이기 때문에 자연스럽지가 못하다. 서술자와 '그네'는 아들이 죽음으로써 더 이상 어떠한 구속도 의미도 만들어질 수 없는 관계이다. 서술자는 '그네'와의 관계에서 당당하지 못하고 부끄러움을 느끼는 심정을 구체적으로 서술해줌으로써 그녀와 자신과의 관계가 현재 어떤 상태인지에 대한 정보를 제공해준다. 또한 서술자는 자신의 현재의 몸이 불편한 상태임을 구체적인 장면으로 보여주는 기법을 취한다.

> <예시문 2>
> 나는 의수(義手)처럼 달려 있는, 이미 내 것이라는 느낌조차 들지 않는 마비된 왼손을 오른손으로 집어 올려 어항의 불룩한 배에 갖다대었지. 역시 아무런 감각도 없이 맥없이 흘러내리고 말았어. 다시 왼손을 끌어당겨 어항 속에 집어넣었어. 손이 납덩어리처럼 무겁게 갑작스럽게 물소리를 내며 떨어졌어.
> 물의 앙금이 뿌옇게 떠오르고 붕어들은 갑작스럽게 침입한 이물(異物)에 대한 반감으로 날카롭게 지느러미를 사렸어. 그러나 오연히 펼쳐진 채 움직이지 않는, 지문이 흐려진 사자(死者)의 손은 참으로 의젓했지.
> <138면>

위의 <예시문 2>에서 서술자는 자신의 손이 마비되어 있는 것을 하나의 상황에서 보여준다. 이와 같은 객관적인 서술방법은 주인공 시점의 심리대신 구체적인 행동을 보여줌으로써, 심리를 전달하던 서술자는 사라지게 된다. 상황에 대한 묘사는 서술자의 현재의 상태를 더욱 생생하게 보여준다.

> <예시문 3>
> 차츰 투명해오는 빛 속에서 나는 그 애의 동작을 하나도 놓치지 않기 위

해 더욱 깊이 몸을 은폐했어.

　공이 날아오는 방향을 향해 몸 전체를 사선으로 기울이고 넓게 팔을 벌렸다가 힘차게 밀어 올리는 동작들은 더할 수 없이 아름답고 잔인했어. 단애에 서 있는 듯한, 곧 무너져 내릴 듯한 정교함이었어. 기교가 더할 수 없이 섬세해지고 완벽해지면 그것은 극도로 단순화되어 이미 상징성밖에는 드러나지 않게 되지. 공을 치는 그 애의 모습은 철망에 부딪히는 공의 이켠에서 튀어 오르는 다른 한 개의 공처럼, 혹은 빛은 한 순간처럼 번득거릴 따름이었어.

　그것은 바로 그 애 나이 때의 내 모습과 어쩌면 그렇게도 닮아 있었는지 몰라. 자신의 체력과 기교가 절정기에 도달해 있음을, 더 이상 공이 완벽하게 맞는 일은 없으리라는 것을 깨달았을 때 찾아들던 절망감으로 나는 자살을 생각했었지. 죽음의 의식(意識)은 너무도 투명해서 한치의 빗나감도 용서치를 않지. 그 무렵 나는 꼭 절벽 끝에 선듯한 기분으로, 라켓을 휘두름으로써 내 속에서 돌아나는 그 어찔어찔한 허무감을 죽이고 또 죽었어. 그러나 마침내 그러한 행위로 인해 나 자신이 살해되리라는 것을 잘 알고 있었지. <149~150면>

　서술자는 아들이 살아있을 때 정구를 치던 모습을 회상한다. 서술자는 아들이 정구를 치던 모습은 서술자의 젊었을 때의 모습과 닮아있었다고 생각한다. 그러나 서술자가 라켓을 휘두르는 것은 '절벽 끝에 선 듯한 기분으로 어찔한 허무감을 죽이는, 나 자신을 살해하는' 행동이었던 것처럼 아들이 라켓을 치는 모습 또한 그와 비슷한 의미를 갖게 된다. 아들은 결국 전쟁터에 나가 두 다리가 잘려 돌아와 정구장에서 자살을 함으로써 죽게 된다. 서술자가 아들을 회상하는 것은 바로 젊었을 때 느꼈던 죽음의 의식을 현재 자신의 상태에서도 느끼기 때문이다. 서술자는 자신의 심리를 이와 같이 내면의 생각이나 과거의 회상의 방식을 취함으로써 현재 놓여있는 삶의 의미를 보여준다. 화자는 생활 속에서 일어나는 어떤 사건들로 자신의 내면을 보여주기 보다는 자신의 심리를 구체적으로 나열한다거나 꿈을 꾸거나 회상을 하는 방식으로 보여준다. 이렇게 어떤 상황에 직면했을 때에 그것에 대한 심리를 나타내는데 집중하는 것은 서술자의 심리변화가 서사의 주요 모티프로 작용하기 때문이다.

<예시문 4>
　나는 수분네를 보지 않으려고 돌아누웠어. 방바닥에 함부로 던지는 옷가지를 보는 것은 끔찍히 고통스러운 일이었어.
　"당신 우는군요. 뭣 때문에 청승맞게 우는 거지요? 아, 내가 당신을 버리고 달아나버릴 테니까 우는 건가요? 당신이 운다고 내가 머물러 있지도 않을 것이니 그만 울어요."
　수분네가 갑자기 상냥스럽게 달래듯 말하며 투박한 손바닥으로 내 볼을 쓸었지. 수분네의 손이 얼굴에 닿는 순가 나는 정말 수분네가 나를 버리고 간다는 사실이 내가 울고 있는 이유의 전부인 듯한 생각이 들었어. 그리곤 정말 어린 아이처럼 흑흑 흐느껴 울고 말았지. 내가 울음을 그치지 않고 수분네의 손을 끌어당기자 수분네는 매몰차게 손을 뿌리치며 사납게 흘겨보는 것이었어.
　"울지 말라니까요. 난 맘이 약해요. 당신이 더 울면 난 당신을 죽일지도 몰라요." <155면>

위의 <예시문 4>은 집안일을 하는 수분네가 '그네'가 없는 사이, '나'를 위협하여 열쇠를 가져다가 옷 장문을 열어 옷가지와 이불 등을 가져가는 장면이다. 힘이 없는 '나'는 수분네에게 무서움을 느끼며 울기만할 뿐이다. 서술자는 수분네의 존재에 어떤 무서움을 느낀다. 수분네의 푸르른 팔은 서술자에게 생리적인 혐오감을 일으켰다. 수분네는 옷가지를 가져가면서 '당신 같은 늙은이는 징그러워요. 이제 당신의 똥이나 오줌을 치우지 않겠어요.'라는 잔인한 말을 서슴지 않는 부정적인 인물이다. 수분네의 존재로 인해 서술자의 위치는 더욱 비참한 모습으로 형상화된다. 수분네의 행동은 곧 서술자의 현재의 상태를 더욱 왜곡시키고 불행하게 만든다.

<예시문 5>
　나는 그네의 납빛 이마와 따스하고 부드러운 허벅지를 생각하지. 난 그네에게 아이를 낳게 할 수도 있지. 그러한 내 능력을 의심해본 적은 한번도 없어.
　자, 좀더 편한 자세로 몸을 눕히고 눈을 붙이자. 내가 눈을 떴을 때 그네도 들짐승처럼 날렵한 발목의 언 모래를 털며 돌아와 있겠지. 결코 되살아날 리 없는 아들의 망령을 위해, 그네를 품에 안고 스무 명, 서른 명, 아니 그 이상의 자식을 잉태시키려면 한숨 푹 자두는 것이 지금으로선 최선의 길이지. <157면>

　위의 <예시문 5>는 소설의 마지막 부분으로 서술자가 '그네'가 외출할 때 잠가놓은 방에 집착하며 호기심과 안타까움으로 문을 열고자하고, 결코 들어갈 수 없다는 사실에 미칠 듯한 그리움을 느끼게 되는 것의 의미를 알게 해주는 장면이다.

　서술자는 '그네'에게서 아이를 낳게 할 수도 있다고 생각을 한다. 서술자가 그녀의 방에 집착하고 그녀가 춤을 추러가는 일이나 남자를 만나러 가는 일에 커다란 외로움을 느끼는 것은 아들에 대한 그리움 때문이다. 아들의 존재가 없는 이상, 그는 그녀의 방에 들어갈 수가 없다. 아들에 대한 그리움은 그녀와 하나가 되고 싶은 욕망을 갖게 하지만, 본질적으로는 아들에 대한 그리움 그 이상의 것이 될 수 없는 것이다. 서술자는 '그네'와의 관계가 갖는 허무함과 외로운 의식을 혼잣말로 마무리하면서 내면적으로 흐르는 의식의 흐름이 그의 현재의 삶을 일구어나가는 주요한 방법임을 시사해준다.

2) 관찰자로서 '그네'를 바라보는 시점

　서술자 '나'는 '그네'와 함께 살면서 '그네'의 생활에 호기심을 갖고 관찰한다. 그러나 서술자가 '그네'에 대해 알 수 있는 사실은 '그네'가 에덴이라는 곳에 가서 춤을 춘다는 것이다. 따라서 서술자는 '그네'의 심리를 '그네'의 행동이나 말로써 추측을 한다. 그러나 서술자는 '그네'의 생활과 심리를 구체적인 상상으로 의식화하고 바라본다. 이러한 관점은 목격자로서의 관점에 전지적 작가의 시점이 결합된 양식으로, 목격자 관점이 주는 서사의 한계를 어느 정도 극복해준다.

> <예시문 1>
> 뒤에서 가볍게 발을 구르는 소리가 났어. 그네는 신에 솔질을 마친 다음에는 허리를 펴고 발을 한번 굴러보는 습관이 있지.
> 틀림없이 발에 꽉 조이는가, 혹시 달리는 중에 벗겨지는 일이라도 생기지 않을까 염려하는 듯한 태도였어.
> 그건 이를테면 준비 완료의 표시인 셈이야. 아마 곧 그네는 문을 열고 바람처럼 달려 나가겠다. 그리고 그네가 있던 자리는 아무 흔적도 남기지 않아. 그네의 깔끔한 성미로는 산발 바닥의 흙 한 점도 떨어뜨리지 않아.
> <139~140면>

서술자는 '그네'가 나가는 것을 보지 않고 등을 돌린 채로 서술한다. 이러한 서술 속에는 '그네'의 행동의 의미를 해석한 내용이 담겨있다. '그네'에 대한 서술자의 시점과 서술은 '그네'의 행동을 구체적으로 보여주는 것보다는 '그네'에 대한 서술자의 관심을 더 깊이 이해시킨다. 또한 서술자는 '그네'를 서술할 때 명쾌하고 발랄한 느낌으로 서술하는데, 이는 서술자의 의식 속에 '그네'의 모습은 자신과는 대조적으로 선명하게 살아있는 이미지를 지니고 있기 때문이다.

> <예시문 2>
> 몇 층에서인지 엘리베이터가 멎고 남자가 하나 들어섰어. 그네는 거의

반사적으로 몸을 굳히고 문 쪽으로 다가가서 남자의 거동을 살피지.

– 그네의 두 눈은 낯선 남자에 대한 애정으로 뜨겁게 달아올라 그네는 지그시 눈을 감고 손아귀에 힘을 모아쥐지.

그네가 유독 몸을 굳히고 있는 까닭은 항상 그네 속에서 꿈틀거리는 욕망 때문이라는 것을 스스로 너무도 잘 알고 있었어.

그네는 낯모를 남자에게 자기의 젖가슴을 내어주고 자궁을 열어주지. 그리고 남자의 비듬 엉킨 머리털을 쓰다듬는 것이었어.

그네가 실제로 곁의 남자에게 두 손을 내밀지도 모른다고 생각했을 때 남자가 갑자기 그네 쪽으로 몸을 기울였어. 그네는 화뜩 놀라 벽에 벌레처럼 붙어버렸어. 남자는 전혀 뜻밖인 듯 그네의 몸짓에 움칠 놀라지.

'몇 층까지 가십니까?'

'맨 위예요.'

'전 십이층인데요, 단추 좀 눌러주시겠어요……'

남자가 자세를 바로하며 정중하게 그네에게 부탁했어.

그네는 비로소 문을 가로막고 있었다는 걸 알아차렸어.

'아, 미안합니다.' <143면>

위의 <예시문 2>에서 알 수 있듯이 이제 서술자는 '그네'의 행동을 보이는 곳에서 뿐 아니라, 자신이 볼 수 없는 상황에 놓인 그녀의 모습을 상상하는 것에까지 이른다. 그러나 이러한 상상은 마치 그녀가 실제로 그렇게 행동하는 것처럼 구체적인 장면과 심리로 처리됨으로써, 관찰자적인 시점에서 약간 왜곡된 전지적 작가 시점이 가미된 시점의 방식을 택한다. 또한 '그네'에 대한 서술자의 상상이 그녀의 생활과 심리의 대부분을 보여주는 역할을 하는데, 이는 소설 전체의 서사가 서술자의 상상 속에서 이루어지고 진행되는 구조를 지니고 있음을 나타내준다. 위의 <예시문 2>에서 서술자는 '그네'가 낯모를 남자를 욕망한다고 상상한다. 서술자는 '그네'에 대해 상상할 때 대부분의 장면에서 이러한 성적인 욕망의식을 반복하여 상상한다. 서술자는 '그네'를 결핍된 욕망을 추구하려는 인물로 바라본다. 하지만 이러한 상상은 현실과 다르다. 서술자가 '그네'를 욕망의 인물로 바라보지만, 그의 의식은 '그네'의 욕망이 채워지기를 원하지 않는다. '그네'의 욕망이 채워진다는 것은 '그네'가 갖고 있을지도 모를 죽은 아들에 대한 그리움과 미련이 사라지는 것을 의미하기 때문이다. 또한 서술자는 '그네'를 통해 생각해내는 아들에 대한 그리움을 잃어버릴 수도 있다. 이처럼 서술자는 그네의 욕망과 그것을 배반하는 현실의 상황까지 서술하는 전지적 작가 시점을 지향하면서 자신의 심리를 간접적으로 나타내준다.

<예시문 3>
언제가 나는 밤늦게 눈가가 발갛게 젖어 들어온 그네에게 '에덴'에 나가는 이유를 물었어. 아마 그네가 나가기 시작해서 얼마 지나지 않았던 때였어. 그때 그네의 대답은 춤을 출 수 있기 때문이라는 것이었어. 춤을 춘다는 것이 얼마만한 기쁨이 될 수 있는가 나는 도무지 알 수 없었지.
'춤을 추러 오는 사람은 대개 어떤 사람들이지?'
'글쎄요. 전혀 알 수 없어요. 거기에선 이상하게 똑같아져요. 아주 전염도가 높은 악성의 전염병 같지요. 시시하고 천덕스러운 얘기들과 몸짓들로 시종하지만 뭐랄까요, 일종의 화해로움이 이루어지고 있지요. 말하자면 세균 배양기라고나 할까요?' <144면>

위의 <예시문 3>은 서술자와 밤늦게 춤을 추고 돌아오는 '그네'가 대화를 한 부분이다. 서술자는 그네가 춤을 추는 의미를 이해하지 못한다. 서술자는 춤을 추는 것이 얼마만큼의 기쁨이 될 수 있는지 모르기 때문이다. '그네'는 춤을 추는 장소에서는, 시시하고 천덕스러운 얘기들과 몸짓들로 시종하지만, 일종의 화해로움이 이루어지고 있다고 말한다. '그네'가 추구하는 것은 이처럼 시시하고 천덕스러운 얘기들과 몸짓들이 있는 평범한 생활일 수도 있다. 위의 대화의 장면은 '그네'의 본 모습과 지향하는 세계가 서술자가 바라본 욕망의 인물과는 거리가 멀다는 것을 제시한다. 그러나 서술자는 그녀에 대한 상상을 마지막까지 욕망적 인물로 상상함으로써, 그의 의식 속에서 아직까지 지니고 있는 죽은 아들에 대한 미련과 그리움을 포기하지 못한다.

<예시문 4>
그네는 오늘밤도 강을 건네지

사내의 팔을 끼고 얼어붙은 강을 건네지. 간단없이 들려오는 얼음 갈라지는 소리에 그네는 구두의 뒤축을 호들갑스럽게 떨지. 이윽고 그들은 강을 다 건너 강펄에 가 닿지. 사내가 털썩 주저앉자 그네도 곁에 쭈그리고 앉지. 사내는 어두운 강을 들여다보지. 모래는 얼어있어 버석거리며 발가락 사이로 둔하게 흘러내리고 사내는 마침내 그네의 거칠고 딱딱한 몸을 끄르지. 그네는 사내의 목을 격렬하게 끌어당겨 가슴에 안고 사내의 머리칼을 쥐어뜯지. 그네는 푸른 강을 건너오는 그림자를 안고 있는 거였어. 사내가 그네의 몸을 치받으며 고꾸라지자 그네는 사내의 얼굴에 언 모래를 흩뿌리며 깊고 날카롭게 신음하지.

그리고 그네의 흐릿하게 빛나는 손톱을 세워 사내의 붉은 목덜미에 깊이깊이 박지. 사내의 살 깊은 목덜미에 은빛 비늘이 파도처럼 번득이고 사내는 이제 움직이지 않지. 그러나 그네는 사내의 어두운 곳에 아직 살아 꿈틀거리는 신비한 힘을 자궁 속에 깊이 빨아들이지. <156면>

위의 <예시문 4>에서도 '그네'에 대한 상상은 '그네'가 누군가와 강을 건너고 모래밭에서 정사를 갖는 모습으로 형상화된다. 그의 의식 속에서 '그네'와 낯선 남자의 관계는 이국적이고 감상적인 장면으로 부각된다. 이는 비현실적인 장면으로, '그네'에 대한 그의 의식이 더 이상 현실적인 의미를 지니고 있지 않다는 것을 의미한다. 서술자가 '그네'를 상상할 때, 이처럼 낯선 남자를 욕망하고 추구하는 장면을 반복해서 상상하는 것은, 자신과 죽은 아들에 대한 안타까움이자, 자신의 처지와 자살한 아들에 대한 복수심의 발로에서 비롯된 것이다.

그러나 서술자는 아들의 망령을 위해 '그네'를 품고 수많은 자식을 잉태하는 꿈을 꾼다. 이는 죽은 아들을 애도하고 그리워하는 진실이 '그네'를 비현 실적이고도 왜곡되게 바라보는 본질적인 원인임을 나타내준다.

4. <봄날>[5] 문체 분석

1) 문장 구조 분석

(1) 낱말이나 문법 요소가 배열되고 어울리는 방식

<예시문 1>

우리 생활의 대부분을 차지하고 있는 것은 콜라와 은빛 가느다란 독침으로 빈틈없이 꽂히 는 개털이었다. 있는 건 오직 개털뿐이야. 그 왼 모두 점점 텅 비어가고 그 빈 공간을 오직 개털 만이 분분이 날리고 있는 거야. 나는 진저리를 쳤다. 거기에는 이상하게도 사람을 질식시키는 것이 있었다. 파삭하게 말라버린 일정한 길이와 모양의 털들. 건조하고 깔깔한 그것들이 만져 지고 보여질 때마다 눈에 보이지 않는 흰개미들의 무서운 침식 작용, 잘디잔 균열에서부터 집 채를 도괴시키고야 마는 거대한 파괴력을 느끼는 것이었으나 나는 그것에 대해 손가락 하나 까딱할 수 없는 무력감에 빠져 기껏 진저리를 치는 것이 고작이었다.

물뿌리개를 놓고 잠시 허리를 두드리자니 승우가 퉁명스럽게 말했다. 나 배고파. <118면>

위의 <예시문 1>는 서술자 '나'가 무심히 지나칠 수 있는 평범한 일상생 활이 의식을 침식해 가는 무서운 파괴력을 객관적 묘사와 심미적 묘사로 섬 세하게 그려낸 부분이다.

서술자 '나'와 남편 승우의 생활의 대부분을 차지하고 있는 것은 콜라와 개 털뿐이다. '나'는 개털이 분분이 날리는 빈 공간을 보고 진저리를 친다. '나'

---

5) 오정희, <문체>, ≪불의 강≫, 문학과 지성사, 2001.

는 개털을 은빛 가느다란 독침으로 묘사함으로써 개털이 지니고 있는 속성을 파괴적인 속성과 연관시켜 상상한다. 개털은 눈에 보이지 않는 흰개미들의 무서운 침식 작용을 연상시켜, 잘디잔 균열에서부터 시작하여 집채를 도괴하는 파괴력까지 느끼게 한다. 개털로 인해 '나'는 손가락 하나 까닥할 수 없는 무력감에 빠져 진저리를 칠뿐이다. 서술자는 개털이라는 사물이 자신의 생활을 균열시키고 무력감에 빠지게 한다는 상상을 한다. 그러므로 개털에 대한 묘사는 심리적, 상징적 의미로 확대해서 서술한다. 개털은 파삭하게 말라버린 일정한 길이와 모양의 털들로 객관적으로 묘사되고, 그것의 속성이 파괴력을 가진 상상적 묘사로 확대되면서, 개털은 '나'의 의식을 무력감에 빠뜨리게 하는 주관적인 사물로 변모하여 내적인 의미를 획득한다.

개털은 일상생활에서 그냥 지나칠 수 있는 사물이다. 그러나 서술자는 일상생활의 독이 곧 서술자를 무력하게하고 파괴시킬 수 있다는 것을 깨닫는다. 그것은 서술자가 여섯 달 된 아이를 더러운 종양을 제거하듯 지웠던 기억이 서술자의 생활을 지배하는 경험에서 나온 인식의 결과이다.

<예시문 2>
　나는 집으로 돌아오자 여섯 달째로 접어든 아이를, 더러운 종양을 제거하는 기분으로 용감하게 지워버렸다. 그러나 여러 해가 지난 지금에도 나는 여섯 달짜리 태아의 망령에서 놓여나지 못하고 있음에 틀림없었다. 그것은 일종의 잠재성 간질이었다. 생활의 표면에 얼굴을 내미는 일은 결코 없었으나 보다 깊숙이 자리 잡고 있어서 시시때때로 마치 비 오기 전의 류머티즘처럼 민감하게 반응했다. 얇은 고무질의 피막을 벗기듯 일상의 표면을 한 꺼풀만 들치면 그 속에서 배태되고 자라는 새끼를 친 욕망과 회한의 기억들이 진득한 거품으로 부글대는 것을 볼 수 있었다. 그 늪이 입을 벌릴 때마다 나는 달이 차오르듯, 물이 차오르듯 답답해지고 숨이 차올라 몸 안 가득한 물을 쏟아버리지 않으면 그대로 익사해버릴 듯한 절박감에 발버둥질을 쳐대는 것이었다. 목까지 물이 차올라도 갈증에 허덕이며 물

을 찾아나서는 것이다. 한 잔의 순수한 물을. <125면>

　<예시문 2>는 서술자가 자신을 버린 남자의 아이를 지운 과거의 시간을
회상한 부분이다. 지워진 아이는 '태아의 망령'에서 일종의 '잠재성 간질'로
다시 '류머티즘'으로 연상되고, 다시 '새끼를 친 욕망과 회환의 기억들'로 현
재의 나를 지배한다. 이처럼 지워진 아이는 '나'의 생활을 병적으로 지배함으
로써 병적인 이미지로 나의 의식을 지배한다. '태아의 망령'에서 시작된 아이
의 모티브는 '나'를 익사시켜버릴 것 같은 절박감으로 내몰려 그 절망의 깊이
를 더해간다. <봄날>은 과거의 아이를 지운 기억이 있는 서술자가 그것에서
놓여나지 못하고 일상생활에서 무력감을 느끼는 이야기다. 따라서 소설의 서
사는 주로 '나'의 심리변화에 초점이 맞춰져 있다. 그러므로 <봄날>의 서술
또한 주로 서술자의 심리를 드러낼 수 있는 배경묘사와 심리묘사위주로 이루
어지게 된다.

　　㉠그것은 일종의 잠재성 간질이었다. ㉡생활의 표면에 얼굴을 내미는
　일은 결코 없었으나 보다 깊숙이 자리 잡고 있어서 시시때때로 마치 비 오
　기 전의 류머티즘처럼 민감하게 반응했다. ㉢얇은 고무질의 피막을 벗기
　듯 일상의 표면을 한 꺼풀만 들치면 그 속에서 배태되고 자라는 새끼를 친
　욕망과 회한의 기억들이 진득한 거품으로 부글대는 것을 볼 수 있었다.

　먼저 문장의 구조를 살펴보자. ㉠은 짧은 문장으로 주어와 술어부로 간결
하게 이루어졌다. 이 문장 속에서는 '일종의'와 '잠재성'이라는 추상적인 의
미의 수식어구가 쓰인다. 잠재성 간질은 뒷 문장에서 다시 그 의미를 해석해
준다. ㉡에서 주어가 되는 '잠재성 간질'은 생략이 되면서 그 의미를 서술한
다. 즉 잠재성을 뜻하는 '생활의 표면에 얼굴을 내미는 일이 없고'로 다시 나
타나고 그것은 깊숙이 자리 잡고 있는 것으로 류머티즘처럼 민감하게 반응하

는 것으로 드러난다. '민감하게 반응하는 것'은 다시 ⓒ에서 자세하게 그 의미를 설명해준다. 즉, '얇은 고무질의 피막을 벗기듯 일상의 표면을 한 꺼풀만 들치면'으로 '잠재성 간질', '류머티즘'으로 비유된 억압된 심리를 구체적인 표현으로 바꾸어 언어의 감각성을 더해간다. '잠재성 간질'은 다시 그 속에서 배태되고 자라는 새끼를 친 욕망과 회환의 기억들로 새끼를 치는 욕망과 회환의 기억들로 구체적인 심상을 얻고 다시, 그것이 진득한 거품으로 부글대면서 아이를 지운 기억은 '잠재성 간질'에서 시작하여 욕망과 회한의 기억들이 진득한 거품으로 부글대는 것으로 구체적인 사물성을 가진 객관적 상관물로 변모되어 감각적인 언어의 의미를 획득한다.

(2) 서술 패턴

<예시문 3>
ⓐ움직이는 것은 아무것도 없었다. ⓑ사물은 뜨겁게 팽창해서 형체를 잠식하고 시간 속에 용해되어 아무런 흔적도 남기지 않았다. ⓒ오직 만져지는 것은 팽배한 긴장감뿐이었다. ⓓ참으로 버리고 싶었던 내 육신이 이 완벽한 고요와 평화 속에서 소리 없이 해체되어가고 있었다. ⓔ나는 의식이 가물가물 멀어질 때의 나른한 피로와 행복감에 빠져 들어갔다. ⓕ그러자 산의 어디에선가 이 숨막힐 듯한 열기를 뚫고 새의 울음소리가 들려왔다. ⓖ찌찌, 쪼르릉, 찌찌, 찌르르. ⓗ그것은 마치 유리의 막을 열심히 쪼아 부수어뜨리려는 소리였다. ⓘ얼마나 지났을까. ⓙ끈질긴 노력으로 여린 부리에 피가 맺히고 마침내 빛과 열기와 시간의 두터운 막의 한 귀가 부서지자 계곡의 모든 새가 일제히 울기 시작했다. ⓚ나는 자리에서 화닥닥 일어났다. ⓛ의식을 뒤덮은 흰 두루마리가 단번에 걷혀버린 듯 생생한 통증이 찾아왔다. ⓜ머리가 깨질 듯 아팠다. <124면>

위의 <예시문 3>의 단락은 13문장으로 대체로 짧고 간결한 문장형식을 갖는다. ⓐ은 주어와 서술어부가 평서문형식으로 간단하게 등장한다. ⓑ은 움직이는 것이 아무것도 없다는 것을 심리적인 문장으로 의미의 확대를 이룬다. 움직이는 것이 아무것도 없는 것이, 사물이 뜨겁게 팽창해서 형체가 사라지고, 시간 속에 용해되어 아무런 흔적도 남기지 않는 모습으로 자세하게 서술된다. ㉢은 팽배한 긴장감을 '만져지는 것은'으로 구체적인 심상을 가진 문장으로 감각화시킨다. ㉣에는 팽배한 긴장감속에서도 버리고 싶었던 내 육신이 다른 사물들처럼 팽창해서 형체를 잠식당하는 것처럼 해체되어감을 서술하면서 사물이 용해되는 것이 '나'의 내적인 상황으로 내면화된다. ㉤은 '나'의 의식이 해체되어 의식이 가물가물 멀어질 때의 나른한 피로와 행복감에 빠져드는 내면적인 정황을 나타내는 문장으로 서술한다. ㉥은 새소리가 열기를 뚫고 들려옴을 나의 내면과 외부의 새소리가 결합되는 의식의 상황을 표현한다. ㉦에서는 새소리가 청각적인 심상으로 문장이 환기된다. ㉧은 새가 유리의 막을 쪼아 부수어뜨리려는 소리로 다시 설명화된다. ㉨에서 시간이 잠시 흘렀음을 설명한다. ㉩에서 새소리도 구체적인 심상으로 상상화되어 표현되는데, 새의 끈질긴 노력은 여린 부리에 피를 맺히게 하고, 마침내 빛과 열기와 시간의 두터운 막의 한귀를 부서뜨릴 정도로 새가 유리막을 쪼아 부수어뜨리는 소리이다. ㉪에서 생생한 통증은 의식은 뒤덮은 흰 두루마리가 걷힌 듯한 느낌으로 다가오고 ㉫에서 새소리가 '나'에게 끼친 영향이 나타나있다.

위의 단락은 평서문의 문장형식을 취한다. 그러나 평서문 속에서 객관적인 사물묘사문장이 간결하게 서술되고, 그 문장은 다시 구체적인 심상으로 다시 설명된다. 그리고 그러한 사물은 결국 '나'의 심리를 구체적으로 드러내게 된다. 또한 '나'의 심리는 추상성과 구체성이 합치되어 문장의 의미 변화를 이루게 된다.

(3) 심상적 표현 형식

<예시문 4>

㉠나는 선뜻한 냉기에 진저리를 치며 헝클어진 앞섶을 여몄다. ㉡어지러운 꿈을 꾸고 난 뒤면 예외 없이 무엇인가 일어날 듯한 예감으로 가슴은 쿵쿵 뛰게 마련이었다. ㉢그러나 자지러지는 아이 울음소리는 비단 꿈속에서만 들려오는 것이 아니었다. ㉣햇발이 빗줄기처럼 곧추꽂히는 유리창 밖에서 공기의 정(精)으로 사물사물 울어대고 때때로 두부를 썰 때, 콩나물의 센 뿌리를 하나씩 잘라낼 때, 펄떡 뛰는 생선의 붉은 아가미를 들치고 번쩍이는 비늘을 거스를 때 그 영매(靈媒)의 순결한 울음소리는 들려왔다. ㉤그러면 나는 일손을 멈추고 눈과 귀에 날카롭게 칼을 세워 그 소리를 찾아나서는 것이었다. 행선지는 늘 바다였다. ㉥구태여 여행이라는 제목을 달 것도 없이 잠깐 바다엘 가자꾸나. ㉦그러나 한번도 실행해본 적은 없었다. ㉧역시 마찬가지인 것이었다. ㉨잿빛으로 묵직히 가라앉아 있는 바다는 내게 아무런 해갈도 가져오지 못할 것이다. <135면>

위의 <예시문 4>는 '나'는 들려오는 아이 울음소리를 따라 의식의 흐름대로 흘러가는 것을 구체적인 심상으로 그려낸 것이다. ㉠에서 서술자는 선뜻한 냉기라는 촉각적 심상으로 '나'의 내면을 묘사한다. ㉢은 자리저지는 아이 울음소리가 청각적인 심상으로 구체화된다. ㉣의 아이 울음소리는, '햇발이 곧추 꽂히는 유리창 밖에서 사물사물 울어대고', '콩나물의 센 뿌리를 잘라낼 때', '펄펄 뛰는 생선의 붉은 아가미를 들치고 번쩍이는 비늘을 거스를 때'등 시각적인 심상과 합쳐짐으로써 공감각심상으로 구체적으로 표현된다. 이와 같은 감각적인 표현 뒤에 아이의 울음소리는 다시 영매(靈媒)의 순결한 울음소리로 상상화 된다. ㉤은 '나'가 눈과 귀를 날카롭게 칼을 세워 그 소리를 찾아 나서는데 그곳은 늘 바다이다. '나'의 의식은 아이의 울음소리를 쫓아 그 울음소리를 쫓아간다. 나의 의식은 바다로 향하지만 바다는 또한 잿빛으로 묵직이 가라앉은 시각적인 어두운 심상으로 표현되면서 내게 아무런 해갈도 가져오지 못할 것을 의식한다. '나'가 진정으로 갈망하는 것은 다음의 단락에서 알 수 있듯이 현실의 바다가 아니다.

> <예시문 5>
> 내가 그토록 갈망하는 것은 결코 현실의 바다를 보고자 함이 아니었다. 만조 때 한껏 부풀어오른 바다가 방둑을 넘기고 집채를 삼키고 이윽고 산을 무너뜨려 형적을 없애는 노아의 홍수의 충일감을, 보다 억센 분노의 팔뚝을 원하는 것이었다. <135면>

'나'가 원하는 것은 이처럼 현실의 결핍을 채워줄 수 있는 노아의 홍수의 충일감과 같은 것이다. 노아의 홍수는 방둑을 넘기고 집채를 삼키고 산을 무너뜨려 형적을 없애는 것으로, '나'가 지향하는 것은 사물이 팽창하여 형적이 없어지듯이, 자신의 고통을 완전히 채워주어 결핍을 느끼지 않게 하는 세계이다. '나'의 의식의 추이는 이처럼 청각적인 심상이 시각적인 상황과 합치되면서 구체적인 심상을 획득하며 '나'가 추구하는 세계의식을 보여준다.

2) 소설에 사용되는 문체 구성

(1) 대립적인 의미관계

<봄날>에서 '나'는 아이를 지운 과거의 기억이 현재의 삶에 영향을 끼쳐 현재의 생활에 무의미함과 허무함을 느낀다. 따라서 소설의 서사는 과거의 기억과 현재의 삶이 대립적인 구도를 가지며 소설이 진행된다.

> <예시문 6>

그는 어쩌면 오늘밤에도 몸을 가누지 못하게끔 술에 취해서 걸레처럼 구겨져 들어올 것이다. 신도 벗기는 대로, 옷도 벗기는 대로 내게 얌전히 몸을 내맡겨 마치 슬픔에 지쳐서 착해진 어린애처럼, 용서를 받은 어린애처럼 시중을 받을 것이다. 어쩌면 그의 윗옷 주머니에는 배꼽을 누르면 응애 응애 울어대는 고무 인형이라도 들어 있을지 몰랐다.

그가 때때로 술에 취해 들어오는 저녁이면 나는 그의 옷을 벗겨 걸다가 소리를 지르고 주저앉기도 여러 번이었다. 그의 주머니에서는 다람쥐나 태엽을 감아주면 눈에 불을 달고 걸어다니는 로봇, 심지어는 실험용으로 쓰이는 모르모트 한 쌍이나 올빼미가 의안처럼 움직이지 않는 눈을 크게 뜨고 날개를 사리고 있기도 했다. 나는 그런 것이 그의 기벽인지 아니면 단순히 나를 기쁘게 하기 위한 장난인지 정확히 알 수 없었다. <120면>

위의 <예시문 6>는 서술자가 떠나간 지운 아이의 망령에서 벗어나지 못하듯이, 남편 승우도 아내의 집착에 함께 고통을 겪는 부분을 설명한 단락이다. 술에 취해 들어온 승우의 주머니에선 로봇이나 인형이 들어있는데, 그것을 보고 서술자는 크게 당황한다. 아이의 망령은 곧 '나'와 남편의 생활을 지배하며 현재의 삶을 정물화시키고 과거의 시간 속에서 벗어나지 못하게 한다. 이와 같이 과거와 현재의 삶이 겹쳐지며 과거의 시간으로 수렴화 되는 것은 '나'가 설거지를 하거나, 빨래를 할 때, 콩밭을 매다가도 콩밭 끄트머리에서 아이 울음 소리를 듣는 등 아이의 망상에서 벗어나지 못하는 증상을 보여준다.

그러므로 일상생활에서 보여주는 '나'의 생활방식은 '나'의 심리상태를 간명하게 제시해준다. '나'는 한 아낙네가 산에서 들꽃을 꺾어 함지에 이고 노래를 부르며 걸어가는 여인을 부른다.

<예시문 7>
여보, 꽃장수.
나는 그 소리가 좀더 가까워지길 기다려 목청을 돋우어 그네를 불렀다.
― 아낙네가 간간이 마른기침을 토해가며 신들신들 지나간 뒤에도 오랫

동안 나는 그 소리에 귀를 기울이고 있었다. 그네가 걸어가는, 버스 정류장 쪽으로 난 길 위에 햇빛이 들끓고 있었다. 갑자기 눈이 부셔서 나는 손등으로 눈을 마구 비볐다.

질식할 듯 화창한 봄날이었다. 불어오는 바람결에 마른 풀씨가 풀풀 날리고 바람이 스쳐가는 머리칼에도 드러낸 팔뚝에도, 깃폭처럼 늘어진 빨래에도 묻는 그대로 꽃으로 피어날 것 같은 봄날, 담 밖을 지나가는 도부장수 아낙네의 기침 소리는 꽃가루처럼 지분처럼 날리고 막연한 예감으로 공기 속에 뒤섞이는 것이었다.

─ 그것을 바라보며 나는 감정의 표백 상태, 어떠한 느낌도 생각도 완벽하게 잃어버린, 단지 한 장의 흰 종이가 머릿속에 막처럼 펼쳐지는 상태의 무력감에 빠져 들어갔다. 햇빛 때문이었다. <122면>

위의 <예시문 7>에서 '나'는 꽃장수가 걸어가는 뒷모습을 눈으로 쫓다가 감정의 표백상태, 무력감에 빠져 들어간다. '나'가 햇빛으로 무력감을 느끼는 것은 아이를 임신한 채로 죽어야겠다고 생각하며 길을 떠났을 때 여름의 막바지였던 뜨거운 열기에 대한 기억을 지니고 있기 때문이다. 이처럼 '나'는 현실의 꽃장수를 보다가도 햇빛의 열기를 생각하며 과거의 기억 속으로 파고드는 모습을 보여준다. '나'의 심리는 남편의 후배인 청년을 집에 들어오게 하는 심리에서도 잘 나타난다.

<예시문 8>
손금을 봐두릴까요? 행운을 점칠 수 있어요. 태양선 밑에 동그라미가 나타나면 행운이 올 징조예요. 나는 그에게로 다가앉았다. 아닙니다. 전 행운 같은 걸 믿지 않을 뿐더러 어두워서 뵈지도 않을 겁니다. 그가 뵈지 않게 조금 물러앉으며 손을 움츠렸다. 나는 손을 뻗쳐, 불행하고 늙은 여자의 심술궂은 웃음을 숨기지 않고 그에게로 다가갔다.

방안은 어두웠다. 마주앉은 그의 얼굴 윤곽이 잡히지 않고 표정을 도무지 짐작할 수 없다는 것으로 어둠이 꽤 짙어진 것을 알 수 있었다.

내 손이 거의 그에게로 닿을 만치 가까이 다가가자 그가 슬몃 몸을 비틀며 손길을 피했다.

스위치가 어디쯤 있습니까? 불을 켜야 되겠어요. <131면>

'나'는 바둑을 두러 왔다는 남편의 후배에게 남편이 이발을 하러 갔다 금방 온다는 거짓말을 하고 집에 들인다. 그리고 남편의 후배에게 접근하기 위해 다가간다. 남편의 후배가 거부하자, '나'는 '이유가 확실치 않은 배반감으로 불쾌함'을 경험한다. 남편의 후배가 집을 나가고 그 뒷모습을 바라보며 '나'가 느끼는 감정은 '집 전체를 삼키고 있는, 빈 우물 속 같은 공허'이다. '나'는 거울을 들고 거울 속에 비친 '나이 먹고 지친 여자의 얼굴'을 바라보며 조용히 울기 시작한다. '나'가 현실생활에서 느끼는 공허함은 남편의 후배에게 접근을 하며 갈증을 채우려는 왜곡된 방식으로 나타난다. 그러나 공허는 극복될 수 없는 절망감을 줄 뿐이다.

이처럼 '나'의 현실 속에서 일어나는 모든 일들은 과거의 기억 속에서 벗어나지 못한 의식의 일환에서 빚어진다. '나'의 생활은 과거와 현실의 대립적인 구도의 방식이 아니다. 오히려 현재의 시간은 과거의 시간을 회상케 하고 그 시간 속으로 더 깊이 천착하게 역할을 한다.

(2) 반복이 주는 효과 : 점층법

<예시문 9>
오옳지, 뽕잎을 먹은 누에가 곱디고운 비단실을 짓기까지의 그것. 또한 압지가 잉크를 빨아들이듯, 떠도는 먼지에도 사물에도 형태 없이 축축하게 스며들어 전혀 다른 물질로 변질시키지. 그것은 보이지 않는다. 다만 감지될 뿐이다. 저물녘에 전등의 스위치를 더듬는 손길에 문득 만져지는 선뜩한 느낌, 또는 다탁을 마주하고 앉아 지치도록 지껄이고 난 후 미지근한 차잔을 들어올리는 상대방의 겨드랑이에서 후끈 끼쳐오는 냄새 속에서도 시간은 존재한다. 기억해낼 수 있는 최초의 병명(病名), 미열의 나른한 행

복감, 은밀한 죄의 쾌락, 최초의 성교, 입맞춤들이 시간 속에 침몰하여 용해되고 다시 결합하고 마침내 제가끔의 소리, 빛깔, 음영으로 교묘히 직조되어 시간의 늪에서 천천히 떠오를 때 그것은 실제와는 얼마나 다른 형태로 나타나는가.

무엇인가를 규명해내려는 노력으로 낡은 사진첩을 뒤지듯 과거의 망령을 불러내오고 추적하려는 행위란 얼마나 어리석은 도로(徒勞)인가. 마치 정밀한 양탄자의 올을 뜯어내려는 것처럼. <133면>

위의 <예시문 9>은 시간에 대한 관념을 사물화시켜 나열한 부분이다. 시간은 누에가 뽕잎을 먹고 비단실을 짓기까지의 그것이고, 먼지나 사물에 스며들어 전혀 다른 물질로 변질시키는 사물이다. 시간은 제가끔의 소리, 빛깔, 음영으로 교묘히 직조되어 천천히 떠오를 때는 실제와 다른 형태로 나타난다. 서술자는 시간을 관념화시키면서, 자신이 과거의 망령을 불러내오고 추구하는 행위가 얼마나 어리석은 노력인지를 깨닫는다.

'나'가 시간을 관념화하고 구체화시키는 것은 자신의 삶이 과거의 시간에서 벗어나지 못하기 때문이다. 시간은 모든 사물에 스며들어 변질시킨다. 따라서 이미 지나간 과거의 시간을 붙잡는 것은 어리석은 일이라는 것을 알면서도 '나'는 과거의 시간에서 벗어나지 못한다. '나'가 상념화 시키는 시간은 사물을 변질시키는 흘러가는 개념이지만, '나'의 의식은 과거에 고정되어 있어 변모되지 못한다. 따라서 '나'의 의식은 현재의 생활에서 어떠한 의미를 찾지 못하고 과거의 기억 속에서 벗어나지 못하는 것이다.

(3) 중심문장과 보조문장 구성방식

<예시문 9>
㉠꿈속에선 그다지 뜨겁지도 않던 뙤약볕에 정작 잠이 깨어서는 온몸이 잘잘 끓었다. 그리고 신열로 맑아지는 의식 속에서도 그 소리는 흡사 창밖

나뭇가지에 주둥이를 비벼대는 여윈 새의 울음 소리로 초르릉 울리는 것이었다. ⓛ나는 눈과 귀와 열 개의 손가락 끝에 불을 달고 그 소리를 찾아 굴속을 더듬는다.

ⓒ터널의 끝은 아침이다. ⓐ아침은 늘 예감과 기대에 가득차서 불현듯 찾아오는 것이다. 나는 우선 신선한 공기를, 그리고 조그만치도 소금기가 없는 순수한 민물을 찾아 머리맡의 밍밍한 자리끼를 탐욕스럽게 들이마시며 커튼을 젖혔다. 여명인지 이내인지 분간할 수 없는 작은 입자의 무리가 유리창에 스멀대며 비비적거리며 몰려들고 있었다.

앞산은 진한 가지빛으로 능선을 드러내었다. 엷은 어둠에 싸여 그것은 마치 웅크린 짐승의 형상으로 다가오고 있었다.

ⓜ새소리는 이미 들리지 않았다. 어둠이 걷히면 산은 선불맞은 짐승처럼 후닥닥 깨어나고 깜짝 놀란 새들이 일제히 울어댈 것이다. <134면>

위의 <예시문 9>는 꿈에서까지 아이를 지우기로 결심했을 때 들려오던 새소리가 다시 들려오는 것을 나타낸 부분이다. ⓖ은 꿈을 꾸다 깬 상태를 나타낸 보조 문장으로 '나'의 의식은 꿈에서 깨어났음에도 들려오는 새소리와 현실의 새소리를 연결지어 생각한다. ⓛ에서 '나'의 온 신경은 그 새소리를 쫓아 나아가는 중심문장으로 집중된다.

ⓒ은 '나'가 의식적, 무의식적으로 소리를 쫓다 아침을 맞이하는 부분이다. '나'는 꿈과 같은 어두운 터널을 지나다가 아침을 맞이하는데 아침의 의미가 단락의 핵심단어이다. ⓐ에서처럼 아침은 예감과 기대에 가득 차서 찾아온다. '나'는 신선한 공기와 자리끼를 들이마시며 커튼은 젖혀 여명을 맞이한다.

ⓜ은 '나'가 아침을 예감과 기대로 맞이하는 것은 새소리가 들리지 않기 때문임을 말해준다. 위의 단락은 의식세계와 현실세계를 뜻하는 문장이 결합되어, 비현실적인 느낌을 준다. 또한 한 문장에는 주어와 목적어, 서술어를 길게 꾸며주어 주어부, 목적어부, 서술어부로 나열되어 독해하는데 조금 어려움을 준다. 또한 문장마다 비유법과 의성어, 의태어가 사용되어 문장해석을

난해하게 하지만 수려한 문체의 미학을 발하는 문장을 만들어준다.

3) 표현방식

(1) 대상에 대한 거리감각

<예시문 10>
내가 그토록 갈망하는 것은 결코 현실의 바다를 보고자 함이 아니었다. 만조 때 한껏 부풀어오른 바다가 방둑을 넘기고 집채를 삼키고 이윽고 산을 무너뜨려 형적을 없애는 노아의 홍수의 충일감을, 보다 억센 분노의 팔뚝을 원하는 것이었다.

빈 잔에 물이 차오르듯, 달의 이음매가 아퀴를 지어 둥글게 영글듯, 역시씨가 벌게끔 영근 몸은 발끝에서부터 물이 차올라 발등을 간질이고 차츰 몸 안을 가득 채우고 마침내 입술에 새까맣게 조개를 만들어 나는 잦은 가락에 휘말리는 무기(舞妓)처럼 한껏 열꽃이 내솟았다.

비행기 소리가 밤 파도 소리처럼 우울하게 들려왔다. 이마에 끈끈하게 기름땀이 배었다. 목욕을 해야지. 우선 물 속에 한번 깊이 머리를 담갔다가 다음엔 활랑활랑 옷을 벗고 펌프로 뿜어 올린 차가운 지하수로, 땅 깊이깊이 숨어 흐르는 차갑고 이슬처럼 순결한 물로 온몸을 씻어야지. 새벽 물줄기는 핏줄이 파랗게 튕겨져 나오게끔 차가워서 신열이 끓는 몸에 붉은 자국을 남기지만 몸의 열꽃이 흑흑 느껴지며 사그라질 때까지 끼얹어야지. 옛날의 독부(毒婦)들처럼 이빨을 사려 물고. 그보다 먼저 나는 부엌으로 달려가 콜라의 병마개를 따서 싸늘하고 매운 액체를 목 안 깊숙이 들이부었다. <135~136면>

위의 <예시문 10>은 '나'가 갈망하는 세계가 현실의 세계가 될 수 없음을 뜻하는 문장이다. '나'는 의식적으로 아이의 울음소리를 상징하는 새소리를 찾아 나서다가 바다로 향한다. 그러나 '나'가 추구하는 바다는 현실의 바다가 아니라 모든 사물을 삼키고 형적을 없애고 노아의 홍수의 충일감을 느끼게 하는 비현실적인 바다이다. '나'가 쫓고 구하는 비현실적인 세계에서 느낄 수 있는 바다의 충일감은, '나'의 몸 안을 가득 채우고 '나'의 몸에 열꽃을 내솟게 한다. '나'는 신열이 끓는 몸을 차가운 지하수로 몸의 열꽃이 사그러질 때까지 끼얹는다.

'나'가 추구하던 비현실적인 세계는 곧 '나'의 몸에 열꽃을 피우면서 '나'에게는 현실적인 세계가 된다. '나'가 벗어나지 못하던 과거의 기억은 '나'의 몸과 마음을 결핍시킨다. 그러므로 '나'는 결핍에서 벗어나기를 욕망하는데, 그 결핍은 현실 속에서 채워질 수 없다. '나'의 마음과 생각이 과거의 기억 속에 집중되어 있기 때문이다. 그러므로 '나'는 과거의 기억에서 벗어나지 못하는데, 이는 다시 '나'의 결핍을 채워줄 수 있는 대상을 쫓게 만든다. 그것은 과거의 기억을 연상시키는 새소리다. '나'가 새소리를 찾아나서는 곳은 언제나 바다로, '나'는 결핍된 마음을 홍수의 충일감으로 채워 넣고자 하는 욕망을 보여준다. 그러므로 '나'가 이러한 무의식세계를 상고하다가 열꽃을 내솟는 것은 무의식 세계가 주는 충일감을 경험했기 때문이다. '나'의 결핍은 무의식 세계 속에서 충일감을 경험함으로써 채워질 수 있다.

(2) 감각적인 문체와 대상과의 거리감

<예시문 11>
나는 늘어지게 기지개를 켜고 마루에 길게 누웠다. 문틀에 걸친 발등으로 햇빛이 하얗게 부서져 내리고, 옆집 지붕의 물매가 역시 유연하게 하늘의 차양을 만들고 있었다.
그것을 바라보며 나는 감정의 표백 상태, 어떠한 느낌도 생각도 완벽하게 잃어버린, 단지 한 장의 흰 종이가 머릿속에 막처럼 펼쳐지는 상태의 무력감에 빠져 들어갔다. 햇빛 때문이었다.
햇빛이 너무 완벽하게 가득 차 있어서 사물은 움직임이 정지되어버렸기 때문이었다. 언제였던가, 퍽 오래 전의 기억이, 손등을 간질이고 눈시울에 내려앉는 햇살처럼, 두꺼운 먼지의 켜를 후욱 불어버릴 때처럼 아무런 감동 없이 떠올랐다. <122~123면>

위의 <예시문 11>은 '나'와 사물과의 거리감을 잘 나타내준다. '나'는 마루에 누워 발등위에 쏟아지는 햇빛을 보고, 옆집 지붕의 물매를 바라보며 감정의 표백 상태를 뜻하는 무력감에 빠져든다. 햇빛이 가득 차 있어 사물의 움직임이 모두 정지되어버렸기 때문이다. '나'의 의식은 강렬한 햇빛아래에서 사물과 마찬가지로 모든 의식이 정지되어버린다. '나'는 대상과 하나가 되는 것이 아니라, 대상 아래에서 그 자신을 잃어버리는 무력감을 느낀다. 이는 '나'가 과거 아이를 임신한 채로 자살을 결심하며 길을 떠났을 때 강렬한 햇빛을 만났을 때 느꼈던 감정이다. 그때에는 '나'는 모든 것이 정지되어 있는 것 같은 느낌에서, 완벽한 고요와 평화 속에서 소리 없이 해체되어가는 느낌을 가졌다. 따라서 '나'가 햇빛 속에서, 비현실적인 바다에서 추구하는 것은 완전한 해체를 경험한 이후의 결핍을 극복하는 것이라 할 수 있다. '나'는 대상과 하나 되기를 원하나, 그것은 해체를 뜻하는 완전한 자기부정 뒤에 오는 충일감을 추구하는 방식으로 이루어진다.

(3) 수사법이 주는 의도와 효과

<예시문 12>
그림자, 그림자를 본다. 불빛이 망령처럼 흔들리는 긴 터널의 벽에 매달린 앞장선 그림자를 따라 실체가 달려간다. 어둠 속에 숨겨져서 어둠의 배면을 수맥처럼 흐르는 것은 시간이다. 꽃이 피기 전, 단단히 뭉쳐진 망울 속의 숨겨진 미지(未知). 어느 승이 말했다지. 시간은 미처 피어나지 않은 꽃의 망울이라고. 그 승이 입고 있던 회색의 승복, 그것이 바로 시간이 아닐까.

그의 적막한 은거지를 뒤덮은 담쟁이의 마른 줄기들이 벽에 수없는 균열을 만들고 있었지.
　　오옳지, 뽕잎을 먹은 누에가 곱디고운 비단실을 짓기까지의 그것. 또한 압지가 잉크를 빨아들이듯, 떠도는 먼지에도 사물에도 형태 없이 축축하게 스며들어 전혀 다른 물질로 변질시키지. 그것은 보이지 않는다. 다만 감지될 뿐이다. 저물녘에 전등의 스위치를 더듬는 손길에 문득 만져지는 선뜩한 느낌, 또는 다탁을 마주하고 앉아 지치도록 지껄이고 난 후 미지근한 차잔을 들어올리는 상대방의 겨드랑이에서 후끈 끼쳐오는 냄새 속에서도 시간은 존재한다. <133면>

　　위의 <예시문 12>는 시간을 수사적으로 표현한 부분이다. 시간은 긴 터널을 따라 달려가고, 수맥처럼 흘러간다. 시간은 담쟁이의 마른 줄기들이 벽에 수없는 균열을 만들게 하고 누에가 비단실을 짓도록 하며, 떠도는 먼지와 사물에 스며들어 전혀 다른 물질로 변질시킨다. 사물은 살아있는 실체가 되어 세계를 변화시키는 능동적인 사물로 구체화된다. 시간이 흘러가는 것은 이처럼 생명이 있는 사물로 변모하여 표현된다. 시간은 사물을 균열시키고 해체시킨다. 이는 '나'가 햇빛을 바라보며 해체를 경험했던 것과 같은 맥락이다. '나'는 햇빛과 시간 등, 세계의 대상에서 자신의 해체를 경험하며, 그것에 내맡겨 완전한 해체를 추구하는 의식을 보여준다. 햇빛과 시간 등의 사물은 살아있는 속성으로 비유된다. 하지만 '나'의 의식은 그러한 세계에서 새로운 모습으로 윤색되어 드러나는 것이 아니라 완전한 해체와 분열을 이룬 뒤에 다시 완전하게 채워지는 형식으로 존재하게 된다.

5. 비평의 실제

【오정희 소설 문체론적 읽기】
— 대립적 이미지를 중심으로

(1) 서 론

오정희 소설은 세밀하고 빈틈없는 언어구사의 미덕을 보여주고 있고, 다만 수사적인 측면에만 머무는 것이 아닌 독특한 시적 분위기를 지니고 있다.[6) 따라서 그의 소설은 단순한 내용적, 주제적, 구조적 접근으로는 그 본체가 쉽게 드러나지 않는다. 그의 소설은 단어와 단어의 결합, 언어와 사물의 관계에 대한 세심한 시선, 선택에서 출발하고 있고, 이러한 언어적 기조 위에서 삶에의 비극적 인식이나 존재에 대한 응시가 표출되고 있다. 그러므로 오정희 소설의 주관적 의식이 상징적인 장치로 표출되는 문체 연구가 선행되어지면 그의 문학 세계와 예술적 성취가 한층 더 깊게 더 발견되어 질 수 있을 것이다. 오정희 소설의 특성이 섬세하고 정교한 언어화 과정에 있다는 것을 전제로 그 특유의 문체를 분석하고 소설의 의미를 드러내는데 목적이 있다.

지금까지 진행되어온 문체 연구를 간략하게 살펴보면, '상징적 표현'을 추출하여, 작가 특유의 상상력에 기대어 작가의 자의식의 세계를 규명하고 그 의식을 총체적 관점에서 해석한 것과[7) 이미지나 비유적 표현들이 세부적 메타포를 만들어 그 각각의 메타포 단위들이 모여 하나의 전체적 메타포를 구축해나가는 언어적 구조로 파악하는 연구[8), 문체론적인 접근을 시도하여 구체적인 미학적 접근한 연구등이 있다. 그러나 이러한 문체연구는 논의 자체

---

6) 하응백, <자기정체성의 확인과 모성적 지평>, ≪작가세계≫, 1995, 겨울.
7) 황현미, <오정희 소설의 상징성 연구>, 성신여대 석사 논문. 2000.
8) 박혜경, <불모의 삶을 감싸안는 비의적 문체의 힘>, ≪작가세계≫, 1995, 여름.

가 활발하게 이루어지지 못하였다는 아쉬움과 함께 현상적으로 나열하는 수준에 머물렀다는 비판이 제기되었다.9)

그 중 오정희 문체 연구의 대부분은 시적 연구 방법이라 할 수 있는 상징이나 이미지 연구가 주를 이루는데, 그 이유는 오정희 소설에 나타난 상징의 양상이 그의 소설을 서사의 영역이 아닌 서정의 영역으로 인식하게 하는 작용을 하게 하고, 문학 창작의 원체험인 시적 향수가 그의 소설에서 시정신을 끊임없이 고양시키는 근원적 원인으로 작용하고 있기 때문이다. 그의 소설은는 산문적 인식이 기반한 객관적인 현실 묘사와 상징과 이미지를 주축으로 한 인간의 내면세계 지향을 보여줌과 동시에 원형적 상징적 의미를 통한 초월적 세계를 추구하는 방향으로 전개된다. 이것은 서사성과 서정성의 종합으로서 단편소설을 그의 주요한 문학거점으로 삼고, 서사장르인 소설에 감각적인 이미지를 사용한 시적인 문장으로 강한 은유적 형상화를 모색하는 형식으로 나타난다.

따라서 본 논문은 지금까지의 오정희 문체 연구의 지엽적, 현상학적인 연구 방식에서 벗어나, 수사학적인 관점에서의 이미지 연구에서 출발하여 이미지 뒤에 숨어 있는 인물의 내면 의식과 주제를 인식론점 관점에서 해석할 것이다.

문체 연구의 수사학적 방법은 대립되는 이미지 연구를 중심축으로 그 의미를 모색하고, 인물의 의식과 주제 연구로 귀착 될 수 있는 인식론적 연구 방법은 오정희 문체의 주된 표현이 상징적 의미를 갖고 있음을 전제로 할 때, 야콥슨의 은유, 환유 개념을 비유 구조와 라캉의 욕망이론을 통합적으로 참조할 것이다.

문체론은 문학의 전경이라 할 수 있는 언어의 연구를 통해서, 작품에서의 말해지는 방식을 통해 말의 내용이나 주제에 접근해 가는, 그럼으로써 형식

---

9) 정영화, <오정희 소설연구>, 중앙대 석사, 1996.

과 내용의 긴밀한 관계에 주목하여 문학에 접근하는 통합적 연구방법론이라 할 수 있다.

문체론이란 언어와 미적 기능 사이의 관계를 설명하는 것을 목표로 하여, 작가의 예술적 성취와 그것이 언어를 통하여 어떻게 획득되었는가의 관계를 탐구하는 것이다. 문학 연구에 있어서 우리들 앞에 높여 있는 실재는 언어를 통하여 문학의 본질에 접근해 가야한다는 인식에서 문체론을 출발하고 있다.[10]

또한 비유와 언어와 정신의 상관성은 낭만주의 이래 줄곧 거론되어 왔고 비유적 형식의 창조가 의식 아래에 있는 정신력과 연관되리라는 주장도 끊임없이 제기되어 오는 현시점에서 이미지 분석의 형성과정에서 인간의 내면 의식을 발견하는 연구는 소설 연구 방법에 새로운 길을 열어놓을 수 있다. 인간의 의식이 충분히 탐구될수록 꿈과 욕망과 현실의 정신적 갈등과 언어와 비유와의 유사성은 구체적 형태로 드러나고 있다.[11]

본 논문은, 오정희의 단편 소설 <적요>를 대상으로 위의 연구방식으로 진행될 것인데, 여기에서 <적요>를 대상으로 삼은 이유는 앞장에서 서사분석을 통해 대립되는 구성의 방식을 이해했기 때문에 거기에 오정희 소설을 탁월하게 하는 이미지 분석을 가미한다면 소설을 더 깊이 이해할 수 있다고 생각되기 때문이다.

또한 <적요>는 짧은 단편 소설이지만, 작가가 지향하는 세계의식을 간명하게 알 수 있는 소설이다. 또한 오정희 소설 연구가 대부분, <어둠의 집>, <불의 강>, <유년의 뜰>, <옛 우물>등에 국한된 한계를 지니므로, 특별히 연구되지 않은 작품을 연구대상으로 삼는 것에도 의미를 둘 수 있다. 이와 같은 방식은 오정희 소설이 갖는 궁극적인 주제와 소설이 쓰여 지는 방식을 이해하는 하나의 방법이 될 수 있다.

---

10) 황도경, ≪문체로 읽는 소설≫, 소명출판, 2002. 3
11) 이혜원, ≪현대시와 욕망과 이미지≫, ≪시와 시학사≫ 1998, 18면.

<적요>의 문체연구는, 단어와 어절, 문장간에 나타나는 이미지를 중심으로 문체의 형성과정을 이해하고, 이러한 형성과정이 주제적 내면 의식에 닿아 있음을 이해하고, 그것이 주는 의미를 욕망의 분석 방법으로 해석하여 자연스런 주제연구에 닿을 수 있다. 이렇게 문체 연구로 시작하여 인물의 의식과 주제를 연결하는 연구 방법은 소설을 이해하는 유용한 방법이 될 수 있다.

(2) 본 론

(2.1) 동적 이미지와 정적 이미지

노인의 고독이 주된 모티브가 되고 있는 <적요>[12]의 서술 방식은 노인의 의식과 상황을 상징하는 정적 이미지와 노인의 관찰 대상이 되는 동적 이미지가 극명한 대립을 이루어 내며 서술되는 묘사적 특징을 보여준다. 따라서, 각각의 문장을 이루는 정적 이미지와 동적 이미지가 이루어내는 의미를 찾아나갈 때, 소설에서 드러내는 심층적 의미를 찾아낼 수 있을 것이다. 또한 이러한 이미지가 주는 궁극적인 의미는 '나' 로 대변되는 서술화자의 욕망과 깊이 관련이 있는 것으로, 이러한 일련의 이미지 연구는 서술 화자인 노인의 의식을 보다 분명히 이해할 수 있을 것이다. 또한 점점 대립되는 이미지가 심화되어 가면서 주인물의 내면 경향이 깊이를 더해 가므로 인물의 내면의식을 인식론적인 차원으로 바라보았을 때 주인물의 내면 의식과 소설이 주는 심층적 주제의식을 좀 더 심도 있게 다룰 수 있을 것이다.

≪적요≫는 자신이 죽은 뒤 홀로 방치될 것을 두려워하는 혼자 사는 노인의 고독한 의식이 중심이 되어, 그의 의식의 전개를 보이고 있는 작품이다. 소설의 인물들 사이에 의사소통이 없고 고독하게 남아 있으므로 언어에 대한

---

12) 오정희, <적요>, ≪불의 강≫, 문학과 지성사. 2001.

확실성이 없기 때문에 묘사만이 있을 뿐이다.[13] 언어에 대한 불확실성은 인물의 고독을 대변하는 것으로, 우선 문장의 서술 방법을 이해하여 서술의 주요 의미를 이해하여 인물의 내면의식을 이해할 수 있고, 또한 문장 상에 드러나는 정적 이미지와 동적 이미지의 대립적 요소를 찾아 그것의 의미를 상징적으로 해석할 때 주인물에 대한 좀 더 심도 있는 이해가 이루어 질 수 있다.

소설의 서술은 주 인물이면서 서술 화자인 '노인'이 보고, 듣고, 경험하는 세계가 1인 칭 주인공 시점으로 기술되는 특성을 가지고 있다. 따라서, 소설은 노인인 '나' 의 의식과 내적 경험과 외적 경험에 기대어 하는 서술되는 제한된 서술의 형식을 지닌다. 소설의 주요 서술 방법은 주인공인 '나'가 보고, 듣고, 경험하는 감각적인 표현이 살아 있는 보여주기 설명 방법과 감각적 표현이 거의 드러나지 않고, 일어난 일을 축약하여 설명하는 요약적 설명 방법(말하기)이 양적으로 비슷하게 나타난다. 보여주기 설명 방법은 묘사하려는 대상을 감각적으로 표현하여 사물의 생생함과 뚜렷한 이미지를 부각시키는 회화적인 묘사방법이 주축을 이루고, 요약적 설명 방법은 노인이 서술자 초점이 되어, 하루 동안 일어나는 일을 짧게 기술하는 기능을 한다.

> 매일 아침 여덟시가 되면 가정부는 그녀와 내가 각기 하나씩 나누어 가지고 있는 열쇠로 현관문을 열고 들어온다. 내게 아침을 차려주고, 청소를 하고, 김치를 담그고, 빨래를 해치우고 이 모든 일을 마치게 되는 오전 열한시경에는 돌아갈 채비를 서두른다. <78면>

위 인용문은 노인이 누워있는 자리에서 가정부가 일을 하고 돌아가는 장면을 요약한 문장이다. 요약적인 설명에는 긴 수식어나, 감각적 이미지가 나타나지 않고 짧고 간단한 설명이 덧붙일 따름이다. 그러나 이러한 요약적인 설

---

13) 전기철, ≪한국 전후 문예비평 연구≫, 실존주의 문학론의 이해, 서울, 1994, 26-27면.

명은 노인의 의식의 흐름을 따라 기술하는 상념의 서술로 변이되면서 하루 동안 일어나는 노인의 의식의 변화 과정을 알려주는 역할로 그나마 축소된다. 다음의 예는 가정부가 가는 것을 바라보다 노인이 상념으로 빠져 들어가는 모습을 잘 나타내준다.

> 나는 시름없이 걸어가는 그녀의 모습을 좇으며 문득 돈을 주어 보낼걸 그랬다는 후회를 했다. 아마 그녀는 내게 대해 무섭게 인색한 늙은이라는 생각을 죽을 때까지 버리지 않을 것이다. ―그러나 나는 죽은 뒤 홀로 방치될 것이, 며칠이고 몇 달이고 아파트의 꼭대기 구석방에 버려져 있을 것이 두려울 뿐이다. <81~82면>

요약적 설명 방법은 사건이나 상황을 진전시키는 기능으로 작용하기보다는 인물의 두려움이라는 실존적 의식의 한 켠을 서술하는 내면의식의 서술로 작용한다. 이러한 요약적 설명은 인물의 의식을 직접적으로 설명함으로서 상징과 이미지 해석과 함께 주인물의 의식을 이해하는 길잡이가 될 수 있다. 하지만 요약적 설명은 텍스트가 함의하는 은유적 의미를 모두 설명하기에는 많은 한계를 지닌다.

작품의 서술은 화자인 노인이 움직이지 않고 누워 있는 채로 열쇠의 소리에 귀를 기울이고, 햇빛이 비치는 풍경을 바라보는 것으로 시작된다. 자유롭게 움직일 수 없는 상황에서 열쇠가 맞물려 돌아가는 매끄러운 음향소리를 듣고, 누운 자리에서 햇빛이 나팔꽃 덩굴처럼 창틀을 타고 부쩍 부쩍 기어오르는 풍경을 주시하는 상황은 화자가 행동이 아닌 보고, 듣는 감각을 통해서 세계와 맞닿아 있음을 알 수 있고 이로서, 화자인 노인의 적막한 심정과 한계적 상황이 작품 전체에 상징적으로 설정되어 있음을 알 수 있다.

내가 눈을 뜬것은 여느 때와 마찬가지로, 현관문의 열쇠가 맞물려 돌아가는 매끄러운 음향 때문이었다. 그러나 나는 누운 자리에서 꼼짝하지 않고, 햇빛이 마치 나팔꽃 덩굴처럼 창틀을 타고 부쩍부쩍 기어오르는 대견찮은 풍경을 바라보며 이어 들려올 마루를 딛는 조심스러운 발자국 소리, 수돗물 트는 소리를 기다렸다. ~옥상에는 한 뼘의 그늘도 없었다. 발 밑에 바짝 뭉개진 그림자 이외는. 간신히 찾아낸 굴뚝 그늘도 그녀가 아파트의 계단을 미처 다 내려가기도 전에 옥상 가득 거울처럼 빛살을 되쏘며 다글다글 끓어오르는 햇빛에 먹히고 말 것이다. 나는 굴뚝에 바짝 붙여놓은 의자에 털썩 주저앉았다. 굴뚝도 달아오르고 있었다. <78~79면>

노인의 일상은 가정부 일을 하러 오는 여인의 현관문 열쇠의 움직임과 일을 할 때 듣는 것으로 시작된다. 우선, 문장의 특징을 살펴보면, '현관문 열쇠가 맞물려 돌아가는 매끄러운 음향'과, '햇빛이 마치 나팔꽃 덩굴처럼 창틀을 타고 부쩍 부쩍 기어오르는 대견 찮은 풍경' 이라는 '음향'과 '풍경'을 꾸며주는 수식어가 감각화 되어 길게 나열되듯이 열거되어 있다는 점이다.

'음향'은 열쇠라는 딱딱한 사물이 매끄러운 음향이라는 청각적, 동적인 심상으로 전이되어 감각화되어 표현되어 지고, 시각적인 정적인 심상을 지니고 있는 햇빛은 창틀을 부쩍 부쩍 기어오르는 동적인 이미지를 지닌 나팔꽃 덩굴로 비유되어 표현된다.

위의 첫 번째 문장은 단문으로 구성되어 있고, 두 번째 문장은 햇빛으로 시작되어 풍경을 까지 이어지는 목적어를 꾸며주는 긴 수식어를 수반하는 장문 형식이지만, 대체로 아주 길지 않은 문장의 형식을 통해, 주된 표현 방법을 이루는 감각적인 표현들이 한 눈에 회화적으로 들어오는 모습을 보여준다. 또한 두 번째 문장에서, 햇빛을 꾸며주는 나팔꽃 덩굴의 움직임이라는 수사적 표현은 원관념인 햇빛을 나팔꽃 덩굴의 움직임이라는 동적 이미지로 전이되어, 정적인 햇빛이미지라는 나팔꽃 덩굴의 움직임이라는 동적인 이미지로 새롭게 전이시킴으로서 감각의 확장을 가져다주었다고 볼 수 있다.

이러한 햇빛의 동적 이미지는 소설 전체에서 동적 모티브로 작용하며 정적 모티브를 이루는 노인의 이미지와 대립되는 이미지로 작용한다. 그러나 이러한 시각과 청각이미지가 주를 이루는 문장 속에서 주체의 모습은 극히 왜소화된다. 내가 눈을 뜬것이 열쇠의 매끄러운 음향 때문이라는 것에서 '내가'로 시작된 주체의 의식은 열쇠의 매끄러운 음향 때문이라는 사물의 음향 뒤로, 사라져 주인공의 소외를 단말마적으로 보여 주고 있다. 또한 그 다음 문장에서, 나는 누운 채로 햇빛이 번지는 풍경을 바라보고, 가정부의 발자국 소리나, 수돗물 트는 소리를 기다리는 죽음에 가까운 움직임이 없는 상태로 누워 있는 반면, 관찰되어지는 햇빛은 나팔꽃 덩굴처럼 부적부적 기어오르는 살아 움직이는 풍경으로 누워 있는 나와 대조되는 심상을 지니고 있고, 가정부 또한 움직이는 발자국 소리와 수돗물 트는 동적인 심상으로 나와는 극한 대조를 이루어 내며, 주인공의 정적인 이미지를 더욱 고립화시키는 극한 장면을 연출한다.

이러한 동적 이미지와 정적 이미지는 작품 속에 반복과 대립으로 교차되어 나타나면서, 화자인 '나'의 고독과 외로움을 심화시키는 역할을 한다. 노인은 매일의 일상을 혼자 보내야 하는 고독한 상태이다. 따라서 노인의 내면은 깊이 결핍되어 있고 이러한 결핍은 결국 누군가를 향한 욕망으로 나타날 수밖에 없다. 그러나 현재로서 화자의 욕망을 채울 수 있는 방법은 아직 나타나지 않는다. 이러한 화자의 욕망은 가끔씩 들려 돈을 받고 일을 해주는 가정부를 통해서만 구체적인 심상으로 드러날 뿐이다. 노인의 욕망은 어두운 방에서 나와 옥상으로 이동을 하면서 잠재해 있는 실존적 불안의식이 구체화되어 나타난다.

'한 뼘의 그늘, 발 밑에 바짝 뭉개진 그림자, 간신히 찾아낸 굴뚝 그늘'은 거울과 빛살, 햇빛의 강렬함으로 금방 사라지는 속성을 지니고 있다. '그늘'과 '그림자'로 대변되는 어두운 정적 이미지는 곧, 햇빛으로 대변되는 동적 이미지에 의해 포식 당하는 인간의 실존적 불안을 나타낸다. 위의 옥상을 비치는 강렬한 햇빛은 상징적인 의미로 해석하였을 때 이 글의 주제 의식과 깊이 관계가 있다. 해는 생명과 에너지의 근원, 능동적 원리를 지니는 동적 이미지를 가진 반면 이와 함께 정적인 상태로서의 무의식 및 세계의 심층, 보이지 않는 바닥에 존재하여, 이러한 심연으로부터 나와 서서히, 그리고 고통스럽게 하늘의 세계로 상승하려는 양가성을 지닌 사물로 해석이 가능하기 때문이다. 그러나 이러한 불가피한 상승은 해가 보여주는 나날의 여정과 관련시켜 해석해 볼 때 수평선 아래로 갑자기 저무는 갑작스런 죽음과 관련되는 변용을 보여준다.[14]

　　따라서 해의 변이를 관찰하고 해바라기를 하면서, 현실의 어둡고 외로운 생활에서 벗어나고자 하는 노인의 동적 세계로의 욕망은, 동적 세계를 상징하는 해의 하강의 의미와 관련할 때 또 다른 결핍을 예상할 수 있다.

(2.2) 죽음의 이미지와 생동감 있는 이미지

　　노인의 처해져 있는 정적인 이미지는 방에서 옥상으로, 옥상에서, 밖으로 이동하면서 답답한 현재의 상태에서 벗어나고자 하는 욕망을 보여준다. 그러나 이러한 나아가려는 욕망의 진행은 시간의 이미 노인의 모습에 와있는 소멸해 가는 육체로 인하여 더욱 커다란 한계에 마주친다.

　　옥상에서 빨래를 너는 가정부와 해바라기를 노인은 기계적인 급료로 연결되는 피상적 관계이다. 하지만 노인은 자신이 죽었을 때 홀로 방치될 것에 대한 두려움 때문에 가정부에게 급료 주기를 연기한다. 이러한 인물간의 사물

---

14) 이승훈, ≪문학상징사전≫, 고려원, 476면.

화된 관계는 노인의 의식을 지배하면서, 다시 한번 노인을 사회적 관계에서 소외시킨다. 그러나 노인은 자신을 의지할 수 있는 가족이나 기반을 상실 한 채 혼자 살아가고 있지만, 죽음 이후의 방치될 것에 대한 존재로서의 최소한의 두려움과 책임을 가지므로, 사회성을 상실한 인간으로서 최소한의 자아를 회복하고자 하는 열망이 축소된 욕망으로 제시되고 있다고 볼 수 있다. 이러한 존재에의 욕망은 가정부의 생동감 있는 모습을 무의식적으로 바라보는 노인의 시선으로 보다 확장되어 노인의 무의식 속에 은폐되어 있는 욕망이 동적 이미지로 나아가고자 하는 열망을 보여준다. 노인에게 동적 이미지는 곧, 새로운 세계로의 상승과 회복을 의미하기 때문이다.

> ~나는 앉아 있고 그녀는 서 있는 탓에 나는 그녀의 표정의 변화보다 먼저 얇은 옷에 감춰진 둥근 배의 움직임을 알아차릴 수 있었다. ~햇빛에 토마토빛으로 달아오른 얼굴을 찡그리며 말의 첫마디를 찾으려고 애쓰고 있었다. 그녀의 배는 미묘하게, 그러나 불규칙하게 내 어깨 근처에서 오르내리고 있었다. ~나는 퍼뜩 그녀의 살 오른 허리께에 눈을 두었다. 해물(海物)을 가지고 패를 지어 남녘을 비돌며 도부치던 곳곳에서 안았던 여자들. 으슥한 곳이면 어디서나 미역 다발, 혹은 멸치 부대를 베고 누워 치마를 걷는 그네들의 몸에서는 늘 갯내가 풍겼다. 그리고 안개 속에서 들려오던 둔하고 우울한 무적(霧笛)소리. 그녀는 줄기차게 가 닿는 시선을 느꼈음인지 내게서 조금 비켜섰다. <79~81면>

노인의 욕망은 옥상에서 빨래를 너는 가정부의 감각적인 모습을 바라보며 조금씩 꿈틀거리며 감각화된 세계로 향하는 의식을 보여준다. 노인은 옥상에서도 앉아, 가정부가 서서 빨래를 너는 것을 바라본다. 그러나 노인은 해를 피해 가만히 앉아 있는데 반해 가정부는 미묘하고 불규칙적으로 배를 움직이고, 움직이는 열기로 얼굴빛이 토마토 빛으로 붉게 달아오르는 생동감 있는 이미지로 대립된다. 노인의 정적인 이미지와 외로운 마음은 그녀의 생동감 있는 작은 움직임까지도 주시하는 행동으로 나타나는데, 노인의 정적인 이미지는 가정부의 생동감 있는 이미지와 대립되어 노인의 현재 상태를 상대적으로 정물화 시킨다.

노인은 그녀의 엷은 옷에 감춰진 둥근 배의 움직임을 주시하고, 그녀의 얼굴은 토마토 빛으로 달아오른 생동감 있는 모습에서 눈을 떼지 못한다. 즉, 혼자서 죽은 후에 방치될 것에 대한 두려워하는 의식은 가정부의 생동감 있는 모습을 잠재적으로 욕망하며, 존재에 대한 잠재적인 욕망이 조금씩 확대되는 양상으로 모습을 나타낸다. 노인은 가정부의 살 오른 허리를 바라보다가 젊었을 때 안았던 여자들을 생각해낸다. 하지만 이러한 회상은 관념의 형식이 아닌 감각적인 심상으로 구체화되어 나타난다. 여기에서 그녀의 살 오른 허리는 갯내가 풍기는 그네들의 몸이라는 후각적 심상과 우울한 무적 소리라는 청각적 심상이 병용되어 관념이 감각적인 문장으로 구체화된다. 이러한 젊었을 때의 구체적인 서술은 또 한번 노인이 욕망 하는 것이 감각적인 생동감 있는 세계임을 제시해주는 기제로 작용한다. 이러한 노인의 욕망은 조금씩 구체화되어 현실로 나타난다.

> 며칠 전에는 어금니 두 개가 한꺼번에 으스러져버렸다. 피도 나지 않은 채 더러운 이빨 부스러기가 흡사 모래를 한 입 문 듯 입 안 가득 지금 거렸다. 통증도 없었다. 아픔을 느낄 수 있는 신경은 이미 죽어버린 모양이었다. ─ 이튿날 아침, 들어서는 가정부에게 대뜸 입을 벌려보았다. 잇몸에 남아 있는 뿌리를 뜯어 내달랄 참이었다. 그녀는 별반 주저하는 기색이 없이 엄지와 검지를 입안에 밀어 넣었다. 물기가 닿지 않은 손에서는 값싼 크림 냄새가 났다. 분홍빛의 건강한 손가락이 부드럽게 잇몸을 어루만졌다. 순간 나는 온몸이 스멀거리는 듯한 근지러움에 몸을 뒤틀었다. 그 근지러움은 이상하게도 이미 오래 전에 마비된 몸의 왼쪽 부분에도 전해져 그것들은 일어나려고 소생하려고 꿈틀거렸다. 내가 그녀의 싱싱한 손가락을 힘껏 물었던 것과 그녀가 비명을 지르며 내 입을 후려친 것은 동시에 일어난 일

이었다. <82~83면>

　　노인은 가정부가 일을 마치고 집으로 가는 것을 지켜보며 점점 못쓰게 소멸되는 몸과 이빨을 뽑기 위해 노인의 입안에 넣는 가정부의 손이 닿았을 때의 근지러움을 생각해낸다. 노인의 비듬진 머리를 뜯어내는 모습과 끈적한 기름기와 손끝에 피, 축 늘어져 있는 왼쪽 팔둥의 소멸하는 신체의 모습은 다시, 못쓰게 되는 눈, 으스러져버려도 통증을 느끼지 않는 어금니 두 개로 심화되어, 노인의 존재에의 의식이 극한 위기에 몰려 있음을 알려준다. 이러한 신체의 소멸은 죽음을 상징하는 단어들로 노인의 내면이 어둠과 죽음이라는 지극히 정적인 이미지 속에 갇히어 있음을 암시하지만 죽음의 이미지 속에서 노인은 근지러움이라는 작은 욕망의 흔적을 회복하면서 현재의 절망의식과 불안을 주체적으로 책임지려는 실존의식을 드러낸다. 실존의식은 초월의식과 현실의식을 동시에 지니는 이중성을 지니고 있다. 노인이 감각적인 세계를 욕망 하는 것은 소멸해 가는 신체가 보여주는 현실에서 탈피하려는 초월에의 욕망으로 나타나지만 현재의 상태는 단지 욕망의 흔적만 보여줄 뿐 그 한계를 절감하기에 또 한번 상실감을 경험한다.

　　그러나 실존인식을 가진 인간은 이런 실존에의 체험을 도피하는 것이 아니라 현실을 주체적으로 책임지려는 의식을 내포하기에 커다란 의미가 있다. 실존적 위기에 몰린 노인이 자신의 실존적 불안을 주체적으로 책임지고자 하는 형식은, 가정부의 손을 무는 것과 뒤에 나올 아이를 수면제를 먹여 자신의 옆에 두고자 하는 왜곡된 형식으로 이어진다. 즉, 노인은 소멸해 가는 존재에의 고통을 초월하고자 하는 욕망을 이빨뿌리를 뽑기 위해 이를 어루만지는 가정부의 분홍빛 손가락을 무는 형식으로, 자신의 것으로 삼고자 한다. 건강한 가정부의 손가락이 노인의 입안에 들어 왔을 때 생기는 근지러움은, 이상하게 오래 전에 마비된 왼쪽 부분까지도 전해져 소생시키려는 듯 꿈틀거리는 것을 느낌과 동시에 그녀의 싱싱한 손가락을 힘껏 물게 만든다. 노인의 더 나아갈 수 없는 한계 상황은 그녀로 대변 대는 감각적인 세계를 닿기 위해 그녀의 손을 무는 직접적인 방식으로 이루어진다.

가정부의 손이 입안에 들어온 순간 온몸이 스멀거리는 근지러움이 왼쪽의 마비된 몸까지 전해짐으로 죽음과 소멸의 세계로 일관되어 나타나는 노인의 정적 이미지는 일면 새로운 가능성으로 나아갈 조짐을 보여준다. 또한 가정부의 손이 입안에 들어옴으로 근지러움을 느끼게 되고 마비되었던 몸이 소생되는 느낌을 갖게 되었다는 것은, 노인이 닿고자 하는 세계가 결국 자신의 내부 속에 존재하고 있음을 이해할 수 있다. 하지만, 노인의 감각이 가정부의 손이 입안으로 들어올 때 반응하는 형식으로 이루어지므로, 노인의 동적인 세계에 대한 열망은 타자와의 관계성을 통해, 타자에 의해서 충족 될 수 있는 속성을 가지고 있는 것으로 판명된다. 그러나 노인이 감각적인 세계에 대한 충동적인 반응을 보이며 가정부의 손을 물었을 때 가정부에게 맞는 것과 동시에 미친개를 보는 시선을 받음으로써 욕망을 획득하기 위한 서술 주체의 세계 대응 방법이 직접적인 방식이 아닌, 간접적인 방식으로 굴절되어 왜곡되어 나타날 것이라는 것을 예상케 한다.

(2.3) 현재의 아이와 과거의 아이 이미지

<적요>에서 아이의 이미지는 노인의 불안한 심리와 감각세계로의 충동을 드러냄과 동시에, 다시 깨어나는 힘이라는 의미로 이해하였을 때, 실존적 한계를 딛고 일어서려는 노인의 의지를 상징적으로 드러내는 기제로 작용한다. 아이는 햇빛과 대립되는 관계에 있으면서도 햇빛에서 풋볼을 하는 것과 그늘을 좋아하면서도 해바라기를 하는 노인의 모습은 햇빛으로 표명되는 밝음의 세계로 나아가려는 움직임은 존재에의 한계를 극복하려는 직접적인 대

응 방식으로 해석 될 수 있다. 그러나 아이들의 어머니들이 내린 차양 안 어둔 창 아래에서 아이들이 잠에 빠져듦으로 얻어내는 적요는, 노인의 심리를 그대로 드러내어, 결국 노인은 아이를 통해서도 실존적 위기의식과 불안함에서 벗어날 수 없음을 상징한다.

> 풋볼이 뱅글뱅글 돌며 솟아오르자 아이들의 함성이 와아 울렸다. 공지에서 아이들은 공을 쫓고 있다. 이제 곧 어머니들은 무서운 햇빛에서 아이들을 거두어 몸을 씻기고 찬 우유를 먹이고 차양을 내린 창 아래에서 낮잠을 재울 것이다. 그러면 사위에 가득차는 건 적요. 적요뿐이다. <83면>

옥상에서 해바라기를 하는 노인의 귀에 풋볼을 가지고 노는 아이들의 함성소리가 들린다. 아이들의 함성소리는 동적인 이미지로 어머니들이 무서운 햇빛을 피해 아이들을 집으로 데려가 낮잠을 재우는 정적 이미지로 고요히 바뀌어 간다. 여기에서 아이들과 햇빛은 대립적 의미를 지니는데, 노인도 햇빛과 대립적인 의미를 지니고 있으므로, 아이는 노인의 의식의 일면을 대변하는 인물로 새롭게 설정된다. 아이는 본질적으로 무서움의 세계에 놓여 있어 심리적 불안이나 충동 반복의 세계를 함축한다는 점에서 노인의 의식을 대변한다. 하지만, 노인이 과거를 표상하면서 새로운 단순성을 획득하는 생의 단계를 상징한다면, 아이는 신비한 중심과 다시 깨어나는 젊은 힘이라는 현실적 상징의미[15]를 지니고 있다. 이러한 노인과 아이의 이미지 대립은 다시 현재의 아이들과 과거 속에 함께 했었던 노인의 딸 부용에 대한 회상으로, 과거의 회상으로 점철되어 나타나는 정적인 이미지와 현재의 동적인 이미지가 대립되어 나타난다.

---

15) 이승훈, 위의 책, 354면.

그애는 올까. 햇빛은 칼날처럼 섬뜩하게 목덜미께에 머물고 있다. 나는 일어서려다가 다시 주저앉는다. 집 안으로 들어가본댔자 나을 게 없을 것이다. 아마 햇빛은 방안 깊숙이까지 들어와 있을 것이다. ─ 오늘 그 애는 올지도 안 올지도 모른다. 아마 오고 있는 중일지도 모른다. <83~84면>

아이들에 대한 관찰은 노인의 딸인 부용(芙蓉)의 내주에 오겠다던 약속을 떠오르게 한다. 노인이 생각하는 부용은 아이들과 마찬가지로 밝은 햇빛을 두려워하는 햇빛과 대립적 의미를 지니고 있다. 따라서 아이들은 등장은 노인의 심리를 대변해주는 매체로 작용함과 동시에 부용의 대체된 의미로 전이되어 나타났다고도 볼 수 있다. 하지만 노인이 부용을 생각하는 찰나 햇빛이 목덜미께에 칼날처럼 섬뜩하게 머무는 위협을 느끼며 부용이 오지 않을 것이라는 것이 상징적으로 암시된다. 부용을 생각하는 과정에서 노인은 어릴 때 부용과 있었던 바닷가의 한 장면을 회상한다. 어두운 집 귀퉁이에서 아버지를 만나도 비슬비슬 피하며 낯을 가리는 부용(芙蓉)은 미역, 김,조기 떼를 따라 한철을 보내고 돌아오는 아버지와 마찬가지로 심리적으로 안정이 안된 불완전한 존재이다. 또한 부용에게 햇빛이 잘 드는 넓은 집을 마련해주고 싶어하는 노인의 소망은 이루어지지 못하고 빛을 반사하는 채색된 유리목걸이로 대체됨으로, 부용으로 표상 되는 수줍어하고 연약한 여자아이의 모습은 노인의 삶처럼 음습하고 어둡게 갈무리된다. 이것은 노인의 유일한 희망이 될 수 있는 부용조차 불안한 심리와 정적인 이미지를 지니고 있으므로 부용을 회상하며 현재를 잊으려 했던 노인의 기대감은 다시 한번 고독을 경험할 뿐이다. 따라서 현재에 들려오는 풋볼을 하는 아이들의 동적 이미지와 과거 부용으로 표상 되는 정적 이미지는 의미적으로 대립을 이루며 노인의 고독한 삶을 다시 한번 강조한다. 부용으로 드러난 노인의 고독한 심경은 현실세계에서 다른 여러 모습으로 관련성을 갖고 드러난다.

맞은편 동의 아낙네가 빨래를 널러 옥상에 나올 참이었다.─나는 그녀를 모른다. ─나는 일어날 수 있는 어떤 작은 움직임 하나도 놓치는 법이 없다. 머리칼이 더부룩한 청년이 자전거에 거울을 가득 싣고 아슬아슬하게 버스를 피하며 달려간다. 자전거 뒤에 산더미처럼 실린 수많은 빛의 입방체들은 번쩍이는 눈이 되어 노점상, 점포의 바닥에 물을 뿌리는 러닝셔츠 바람의 젊은이, 먼지를 뒤집어쓴 고무나무 이파리, 울고 있는 아이를 담고 달려간다. ─찻길을 건너면 다닥다닥 낡은 헝겊을 기워 붙인 듯한 난민 부락과~. 웅덩이의 물은 끈끈한 초록빛으로 엉겨 있고 밀짚모자를 눌러쓴 남자가 낚싯대를 드리우고 정물처럼 앉아 있다. 무엇을 낚으려는 걸까, 수초의 썩은 뿌리 속에서. <85~86면>

맞은 편 동의 옥상으로 많은 빨래를 널러 오는 중늙은이의 편안치 못한 신세는 나이 상으로 노인보다 조금 젊은 중늙은이의 모순적 상황을 드러내며, 밀짚모자를 눌러쓴 중년의 연배를 가지고 있는 남자는 수초의 썩은 뿌리 속에서 낚시대를 드리우는 모습에서 삶의 모순과 불안의식을 표명한다. 또한 자전거를 타는 젊은 청년이 가득 싣고 가는 거울 안에 러닝셔츠 바람의 젊은이, 먼지를 뒤집어 쓴 고무나무 이파리, 울고 있는 아이 등이 담겨지는 장면은, 현실세계의 실재를 반영한다는 점에서 노인의 의식을 상징한다. 즉, 거울은 현실 세계의의 역설적인 이미지를 수용함으로서 세계를 바라보는 노인의 의식 또한 자조적이고 회의적인 모습을 띠고 있음을 알 수 있다. 또한 대부분의 문장형식이 사물이나 관념을 그대로 묘사하거나 설명하는 일이 드물고, '찻길을 건너면 다닥다닥 낡은 헝겊을 기워 붙인 듯한 난민 부락과 그것을 야금야금 먹어 들어가며 터를 닦는 주택지, 송충이들의 극성으로 벌겋게 타들어 가는 솔밭, 머지않아 메워지게 될 꽤 넓은 웅덩이' 등에서 볼 수 있듯이, 묘사하려는 구체적인 사물은 시각적으로 연상이 되는 다른 사물로 비유되어 묘사되거나 청각적인 심상 외에 다양한 심상이 사용되어 구체화된다. 이렇게 감각화된 사물들은 문장에서 주요한 중심 이미지가 됨으로 인물의 관념과 욕망 또한 감각화되어 인물의 구체적인 관념이나 욕망이 인물의 욕망을 자연스럽게 은폐시키고 소외시키는 효과를 발생시킨다. 따라서 이러한 사물들의 구체적인 묘사는 노인의 고독한 심정을 담아내는 풍경으로 노인의 고독과 부정적 실존 의식을 다시 한번 확인케 한다.

(2.4) 죽음에로 경도된 의식과 왜곡된 욕망 충족

노인의 죽음을 향하여 점점 소멸해가는 육체의 모습과 오래 전부터 있어왔던 통증으로 늘 죽음을 의식하고 두려워하게 한다. 그러나 이러한 죽음의식은 목안으로 치밀어 오르는 '근지러움'을 극복하고자 하는 욕망을 보여준다. 이러한 욕망의 실현을 위해 노인은 죽음 후에 혼자 방치될 것에 큰 두려움을 느끼는 죽음의 공간인 '방'에서 벗어나 외부로 나아가게 한다.

> 솔밭에서는 개라도 잡고 있는지 생솔가지 타는 연기가 파랗게 피어올랐다. 머리가 둔기로 내리치듯 일정한 사이를 두고 올리기 시작하였다. 그리고 이어 구역질이 치밀었다. ─ 나는 옥상 바닥에 누워 있었다. 눈 위로별이 총총히 쏟아지고 있었고, 웅덩이에선 개구리가 울고 있었다. 이마에 통증을 느낀 것은 방안에 들어와 거울에 비쳐보고 시퍼렇게 피멍이 든 자국을 발견하고 나서였다. ─ 분명 병이라고 생각되었으나 진단이나 치료할 이유는 없었다. 나는 죽어야 할 나이를 훨씬 넘겨 살고 있기 때문이다. 다만 죽은 뒤에 누구에게도 발견되지 않고 썩어갈 것이 두려울 뿐이었다. ─ 나는 때때로 홀로 가게 하는 어둡고 어두운 힘에서 빠져 나오려고 발버둥침, 스물네 개의 늑골 틈서리마다에서 퉁그러져 나오려는 비명을 억제하며 현실적으로 확인할 수 있는 단 하나의 음향, 수돗물 떨어지는 소리를 잡으려고 안간힘을 썼다. ─ 나는 벽장에서 사탕을 한 움큼 꺼내 주머니에 넣은 후 지팡이를 찾아들고 아파트의 층계를 내려왔다. ─ 이맘 시간에 놀이터에 나와 노는 아이들은 대부분 나를 알고 있었다. ─ 주머니가 비면 아이들은 더 이상 가까이 오지 않는다. 아이들에게는 본능적으로 불구자에 대한 두려움

과 혐오감이 있기 때문일 것이다. <87~89면>

　인용문에는 솔밭 풍경묘사와 정신을 잃고 쓰러진 과정, 현재 일어나는 통증의 상황 등이 짧고 간결하게 교차하는 형식으로 기술된다. 여기에서 노인이 바라보는 현실 세계의 모습은 앞문장의 상황과 뒷문장의 상황이 바로 연결되어 긴장감을 조성시키며 서술의 진행을 빠르게 한다. 그러나 죽음으로 수렴하는 주제의식은 죽음을 표상하는 묘사형식에서 노인이 종종 쓰러지는 과거 회상 형식으로 이어지고, 회상은 다시 죽음에 대한 노인의 의식을 내적 독백 형식으로 빠르게 변용한다. 이렇게 사용된 서술기법은 서사의 진행을 지연시키는 회상이나 독백 형식이 노인의 불안정한 의식을 서술기법의 여러 변이 형식으로 조명하여 노인의 고독한 내면 의식으로 경도되는 의미를 갖는다.

　솔밭과 생솔가지 타는 연기로 은유 되는 소멸의 세계, 푸르스름하게 변하는 노을 빛의 사라짐, 웅덩이에서의 개구리 울음소리, 시퍼렇게 피멍이 든 자국 등의 감각적인 어휘들은 소멸과 죽음의 의미와 깊이 관련성을 가진다. 이러한 간결한 문장의 감각적인 이미지와 어휘 사용은 관념적인 죽음과 실존에의 의식을 대립되는 감각적 이미지로 구체화시킨다. 솔밭이라는 푸른색의 시각적 이미지는 푸른 연기로 화하며, 개의 죽음을 알리는 죽음의 이미지로 변형되어 나타난다. 다음의 머리를 둔기로 내리치는 듯한 울림은 푸른 연기로 나타나는 개의 죽음이라는 시각적인 이미지가 노인의 통증인 촉각적인 이미지로 변형된 모습으로 구체화된다. 이렇게 문장 상에 들어 난 감각적 이미지들은 노인의 의식으로 수렴하는 모습을 띠고 나타난다. 생솔가지 타는 연기와 함께 둔기로 머리를 내리치는 듯한 고통을 느끼며 구역질을 일으키는 것은 노인이 죽음을 보다 가까이 느끼고 있음을 암시한다.

　죽어 가는 개와 간격을 좁히며 오는 노인의 통증은 죽음의 시간이 서서히 다가오고 있음을 알려준다. 그러나 분명한 병이라는 것을 알고 있음에도 불구하고 단지 죽어야 할 나이라는 이유만으로 치료를 하지 않는 노인은 생명을 지니고 있지만, 이미 죽음에로 경도된 의식의 일면을 지니고 있다. 그럼에도 죽음후의 방치될 것을 두려워하는 마음은 죽음을 두려워하는 노인의 의식을 대변함과 동시에 삶과 죽음의 세계가 그대로 병행되거나 결합될 수 없다는 실존적 고독을 드러낸다. 그러나 가까이 다가오는 죽음을 수돗물 소리로 연기하려 하는 실존에의 의지가 관념의 상술이 아닌, 감각의 형식으로 닿을 수 있음을 암시한다. 하지만 단지 수돗물 떨어지는 소리를 잡음으로서 생명을 연기하려는 행동이 죽음을 느끼는 노인이 할 수 있는 최대한의 방법으로 노인의 극한 정신 상황과 고독을 나타낸다.

잠에서 눈을 뜬 노인은 아침이라 생각하며 가정부의 기척소리를 들으려 오랫동안 누워 있다가나 수돗물 떨어지는 소리로 하루가 지나지 않았음을 깨닫고 해가 기운 창 밖을 내다본다. 낮잠을 자고 난 후 아침으로 깨닫는 노인의 착시 현상은 하루가 지났으면 하는 소망과 지루하게 이어지는 하루의 무료함과 혼자 자야하는 불안함이 투영된 것으로 해석할 수 있다.

노인은 옥상에서 집안으로 들어오면서, 오래 전부터 있어온 두통과 통증을 새삼 기억하며 죽음 후에 혼자 방치될 것을 크게 두려워한다. 방에서 낮잠을 자고 일어난 노인은, 아직 하루가 지나지 않았음을 이해하고 벽장 속에 있는 사탕을 꺼내어 아이들에게 나누어주기 위해 밖으로 나간다. 이러한 두려움과 무료한 시간을 달래기 위해 노인은 벽장에서 사탕을 꺼내 들고 아이들이 있는 놀이터에 나와 아이들에게 사탕을 나눠주기 시작한다. 노인의 생활은 어떤 변화가 없는 정적인 이미지를 지니고 있다. 노인은 부용을 기다리는 것으로 일상의 무료함을 간신히 달래는 모습이 아이들에게 사탕을 주는 모습으로 변모되어 나타난다. 하지만 노인과 아이들의 관계는 사탕이라는 매체를 통해서만 이루어지는 표면적인 관계이상의 어떤 의미를 지니지 못하므로, 노인의 근본적인 고독은 해소되지 않는다. 이러한 관계는 노인에게 사탕이 떨어지자 아이들이 더 이상 가까이 오지 않는 모습으로 구체화된다. 그럼에도 노인이 하루의 일과로 반복하며 아이들에게 사탕을 주는 행위는 끊임없이 일어나는 노인의 외로움을 달래는 방법으로서 부용을 기다리는 노인의 마음을 대변한다.

노인과 아이들과의 무의미한 관계는 이사 온 아이가 등장함으로서 새로운 국면으로 접어든다. 그 아이는 여덟 살 정도의 처음 보는 사내아이로 흠집투성이에다 입이 몹시 헐은 난민 부락에 사는 아이로 놀이터에서 노는 아이들 사이에 끼지 않고 홀로 서있는, 다른 아이들과 구별된 모습을 지니고 있다. 아이는 사탕을 얻지 못하자 둔탁한 눈빛으로 노인을 집요하게 바라봄으로 아이 또한 노인과 마찬가지로 심한 불안과 결핍을 경험하고 있는 상황에 놓여있다.

사탕을 받지 못한 아이가, 노인에게 사탕을 계속 요구하는 가운데, 아이가 들고 있는 수밀도의 분홍빛 복숭아에 노인은 참을 수 없는 근지러움을 느낀다. 노인은 그 아이를 동전으로 유인한다.

—아이들이 집에 돌아간 뒤에도 그 애는 돌아가지도 않고 두 개째의 복숭아를 먹고 있었다. 나는 일어서려다 다시 주저앉아 그 애를 불렀다. 그 애의 잇자국이 박힌 수밀도의 물 많은 과육이 진한 분홍빛으로 빛나고 있었다. 나는 그것을 보고 있는 사이 언젠가 가정부의 손가락이 잇몸을 간질였을 때처럼 참을 수 없는 근지러움에 아아, 소리를 칠 뻔하였다 .나는 주머니에서 동전을 한 닢 꺼내들고 다시금 그 애에게 가까이 오라는 손짓을 해보였다.—미끼는 충분히 던졌다.—나는 앞장서 절뚝이며 걷기 시작했다.— "텔레비 있어요?" "그렇고 말고, 넌 만화 영화를 좋아하는 구나."—어두워요, 불을 켜줘요." "아니다, 아직은 괜찮다." 방안은 어슴푸레했다. 나는 아이에게 자리를 정해주고 텔레비젼의 스위치를 넣었다. "웬 거냐?"—방안은 완전히 어두워져 텔레비전 화면의 빛에 의해 푸르스름하게 윤곽을 보일 뿐이었다. 부엌에서는 수돗물 떨어지는 소리가 여전히 들려왔다. "애, 물 좀 잠그고 들어오너라." "이것마저 보구요." "수돗물 좀 잠그라니까." "불

을 켜주세요. 할아버지." "봐라, 아직 이렇게 밝지 않니?" "난 아무것도 안 보여요, 할아버지 얼굴이 안 보이는 것이 무서워요." "별 소릴 다 듣겠구나." 나는 혀를 찬다. 아이가 일어났다. "이젠 갈래요." <89~93면>

아이는 노인이 기다리는 부용의 은유된 모습으로, 사내아이는 부용처럼 결핍을 경험한 자아로서 기능 한다. 이러한 결핍은 3개의 복숭아를 쉬지 않고 먹는 것으로 드러나는데, 노인은 아이가 먹는 복숭아의 피처럼 선명한 속살을 발견하곤 아이에게 관심을 갖기 시작한다. 수밀도의 물 많은 진한 분홍빛의 과육은 노인에게 가정부의 손가락이 잇몸을 건드렸을 때의 참을 수 없는 근지러움을 재생시키면서 무의식속에 잠재되어 있는 동적인 생명력 있는 세계에 대한 욕망을 일깨워 주었기 때문이다. 따라서 노인은 가정부의 손이 입안에 들어왔을 때 근지러움을 이기지 못하고 손을 물었던 것과 마찬가지로 아이의 잇자국이 박힌 분홍빛으로 빛나는 복숭아를 지닌 아이를 집으로 데려가 자신의 곁에 두려는 의지로, 아이로 표상 되는 근지러운 세계에 닿고자하는 욕망을 실행시키려 한다. 그러나 이번에는 가정부의 손을 무는 식의 직접적으로 공격적인 형태가 아니라 동전으로 천천히 아이를 유인하는 회유의 방식으로 잠재적인 소망을 이루고자 욕망한다.

위 인용문은 정적인 이미지로 일관된 노인과 노인의 욕망의 대상이라 할 수 있는 동적인 이미지인 아이와의 대화가 주조를 이룬다. 대화의 문체는 짧고 간단하게 이루어지지만 짧은 문장으로 이루어지는 대화 뒤에는 인물들의 심리가 잘 나타난다. 노인의 '이걸 갖겠니?' 로 아이를 유인하는 부드러운 말씨는 '만화를 좋아하는 구나' 하는 아이를 인정하는 투로 바뀌어 아이의 마음을 안정시킨다. 노인의 어두운 방을 무서워하는 아이가 어두워 불을 켜달라는 말을 하자 '아직은 괜찮다'는 말과 '별 소릴 다 듣겠구나', 로 거절하며 자신의 욕망을 이루기까지 아이의 요구를 거부한다. 어슴푸레한 방에서 텔레비전을 보는 아이에게 노인은 수돗물을 잠그라고 시킨다. 노인의 죽음의 세계로 혼자 들어가지 않으려 의식적으로 놓치지 않으려 했던 '똑똑 떨어지는 수돗물 소리'는 노인의 집에 들어온 아이 때문에 더 이상 의미를 지니지 못하고 아이로 대체되어 나타난다. 이러한 노인이 혼자 죽게 되어 방치되는 두려움을 잊을 수 있도록 해주는 아이는 노인에겐 수돗물 떨어지는 소리 대신에 생명선상의 끈이 되어준다. 그러나 아이가 자꾸 가겠다고 보챔으로 노인은 아이를 잡기 위해 수면제를 사용한다.

> "주스를 먹겠니?" 아이는 맥없이 무릎을 꿇고 주저앉았다. —손이 몹시 떨리고 더욱이 한 손으로 캡슐을 열어 가루를 흘리지 않으려면 꽤 조심을 해야 했다. —나는 그 애에게 줄 잔에 두 알, 세 알째의 수면제를 털어 넣었다. —그 애가 한 컵 가득 떠오르는 흰빛의 앙금을 탐욕스럽게 마시는 것을, 또한 그 애의 성숙하지 못한 목의 울대가 오르내리며 그것을 넘기는 것을 바라보았다. —"근데 자꾸 잠이 올 것 같아요." "이제 가려무나." 나는 쌀쌀하게 대꾸했다. "이제 어디로 갈 참이냐?" "오늘 사람들은 내 개를 죽였어요.—"큰 개는 모가지에 줄을 걸어 나무에 매달았지요. 개는 두 눈에 퍼렇게 불을 켜고 버둥대다가 그만 축 늘어졌어요. 사람들은 눈 안 뜬 강아지를 펄펄 끓는 물 속에 넣었어요. 그리고 내게는 복숭아를 세 개 주고 가라고 그랬어요. 그래서 나는 그걸 먹—" 아이는 말끝을 채 맺지 못했다. —그 애는 무거운 눈꺼풀을 간신히 쳐들어 올리고 나를 바라보더니 모로 쓰러졌다. 나는 텔레비전을 끄고 형광등의 스위치를 올렸다. —복숭아의 선홍빛은 시들어, 베어먹은 자리는 거무스름하게 수분이 말라가고 있었다. 그리고 그곳에 파리 떼가 끈질기게 달라붙었다. <95~96면>

노인은 근본적으로 고독한 삶에서 벗어나 근지러움으로 표상되는 동적 세계를 향한 욕망은 동적인 이미지인 아이를 왜곡된 방식으로 소유하는 방식으로 이루어진다. 그러나 근본적으로 노인이 바라는 것과 근지러움으로 표상되는 욕망 자체는 근본적으로 분열된 현상 그 자체로서 욕망의 실현, 또는 욕망

의 차액은 근본적으로 성취될 수 없는 속성을 가지고 있다.16) 노인은 아이를
놓치지 않기 위해, 아이가 오랫동안 잠에서 깨어나지 않도록 세 알의 수면제
를 아이가 마실 주스 속에 몰래 털어 넣는 행위로 자신의 욕망을 왜곡된 방식
으로 실현하려 한다. 아이 또한 동전과 텔레비전, 주스라는 결핍에 대한 욕망
을 채우기 위해 낯선 할아버지를 따라 어두운 방안에서 불안해하면서도 욕망
을 감추지 못하고 수돗물을 잠그라는 할아버지의 요구를 거절하면서 텔레비
전으로 봄으로서 자신의 욕망에 집착한다. 이러한 노인과 아이의 감추어진
욕망은 서로의 욕망이 이루어지기까지 하나의 의미로 일치되어 소통되지 못
하고 대화 속에서 계속해서 미끄러진다. 그러나 이러한 노인과 아이의 결핍
을 채우고자 하는 욕망은 노인이 아이에게 수면제를 먹임으로서 서로에게 감
추어진 결핍과 욕망의 본 모습을 드러낸다. 하지만 아이가 기르던 어미개와
새끼 개 네 마리가 사람들에게 죽임을 당하고, 그 대가로 주어진 복숭아 세 알
을 정신없이 먹으며 개를 잃은 상실감을 채우려는 아이는 노인과 마찬가지로
결핍된 존재이다. 복숭아와 사탕, 동전, 텔레비전, 주스에 보였던 아이의 집착
은 수면제가 들어 있는 주스를 마시고 잠에 빠져드는 의식과 무의식선상에서
내뱉는 혼잣말을 통하여 개를 잃은 상실감이 아이의 내적 결핍으로 크게 자
리 잡아 그것을 채우려는 욕망의 일환으로 복숭아와 사탕, 동전, 텔레비전, 주
스 등에 집착을 보여주었음을 알 수 있다. 이러한 아이의 결핍은 놀이터에서
이미 바닥이 난 사탕을 계속해서 달라는 강한 집착으로 보이며, 사탕을 갖지
못한 할아버지를 계속해서 노려보는 행위로 결핍된 욕망을 채우려는 의지를
보인다. 하지만, 아이의 결핍은 개의 목숨대신 주어진 복숭아 알을 먹음으로
채워지는 왜곡된 형식으로 나타난다. 이러한 아이의 결핍에서 벗어나고자 하
는 욕망은 복숭아 알에서 사탕으로, 사탕에서 다시 동전과 텔레비전과 주스

---

16) 맬컴보위 지음, ≪라캉≫, 시공사, 203면.

로 전이되어 나타나지만, 아이는 개에 대한 주체 욕구와 상실의 대상이 되는 개의 죽음으로 주어진 복숭아를 먹는 파행적인 형식으로 이루어져 결국, 대상이 개에서 시작하여, 사탕, 동전, 텔레비전, 주스 등, 환유 되는 형식으로 변모하더라도, 욕망은 주체 욕구와 대상간의 차액으로 남을 뿐 채워지지 못하고 주체를 분열시키게 된다.

이와 같이 아이가 복숭아 알에 집착을 보이는 것처럼 노인이 가정부의 분홍빛 손과 복숭아 알에 강한 관심을 보이는 것은 점점 소멸해 가는 신체의 상실로 인한 존재에의 상실감과 죽음에 대한 불안의식을 분홍빛이라는 선정적이고, 감각적인 사물을 욕망함으로서 벗어나고자 무의식적인 행동이라 할 수 있다. 하지만, 아이가 먹는 복숭아는 아이가 키우던 큰 개와 새끼개의 대가로 주어진 것으로 아이의 상실감을 상징한다고 할 수 있다. 그러므로 노인이 생동감 있는 감각적인 욕망을 충족시키기 위해 데려온 아이는 개에 대한 상실감을 지닌 결핍된 존재로 표명되면서 아이를 욕망하는 노인 또한 아이와 마찬가지로 또다시 결핍을 경험하며 현재의 상황을 극복하지 못한다.

노인이 아이에게 수면제를 먹이는 행위는 상실감과 위기의식에 몰린 노인의 행동양식으로 황폐한 내면 의식을 드러낸다. 결국, 아이에게 수면제를 먹여야만 자신의 옆에 둘 수 있는 노인의 의식은 극도의 두려움은 아이로 은유되는 감각화된 동적 세계를 향하여 왜곡된 형식으로 욕망 실현을 이루게 한다. 하지만, 수면제를 먹고 자는 아이 또한 불안한 심리와 결여의 극한 상황에 몰려 있는 불안정성을 지니고 있는 있으므로, 일시적으로 소유한다는 것 외에는 동적 세계로 나아가고자 하는 잠재적인 욕망이 실현되지 못한다. 근지러움으로 표상 되는 감각적인 세계에의 욕망은 아이의 선홍빛 복숭아가 시들어 버리고 그 자리에 파리 떼가 달라붙는 모습으로 환유되어 하나의 허상으로 귀결된다.

이렇게 노인의 동적 세계로 나아가려는 욕망은 아이가 심한 결핍을 지니고 있는 존재로 대치되면서 노인의 욕망 실현이 심하게 비틀어지고 결여되는 결론에 이른다. 하지만, 수면제를 세 알이나 먹은 아이가 노인 곁에 있으므로 노인은 죽은 후의 홀로 방치되는 두려움에서 벗어나게 되는데, 자신의 두려움에서 벗어나기 위해 아이에게 수면제를 먹이는 파행적인 행동을 하는 노인의 의식은, 죽음을 늘 안고 살아야 하는 실존에의 두려움과 단절된 현실 관계 속에서 심하게 분열되어 있는 의식 세계를 드러내고 죽음을 향한 두려움을 결국 비정상적인 방식으로든 극복하려는 모습 속에서 이지러진 주체의 분열과 파행적인 욕망의 속성을 잘 보여준다. 현실과의 단절된 관계 속에서 이루어지는 주체의 왜곡된 대응방식은 현실적 삶의 왜곡된 양상을 상징적으로 나타내주고, 욕망 실현을 이룰 수 없는 인간의 한계를 욕망의 타락이라는 플롯으로 고찰시키면서 연민의 시각을 고취시킨다.

(3) 결 론

이상 <적요>에 드러나는 동적인 이미지와 정적인 이미지의 대립적 의미를 고찰하여 주체의 고독한 내면의식과 결핍된 욕망을 밝혀보았다. 본문에서 서술 화자이면 주체인 '노인'은 정적인 이미지로 드러나고 노인과 관계된 가정부와 아이들은 동적인 이미지로 감각적인 심상을 표상한다. 노인은 점차 죽음으로 치닫는 의식을 신체의 스러짐을 통해 경험하면서 자신의 내면 속에 잠재해 있는 욕망을 근지러움이라는 작은 욕망을 감지하면서 욕망의 실현을 꿈꾸게 된다. 이러한 욕망은 가정부로 나타나는 타인에 의해서 이루어지는 것으로 노인 스스로 이룰 수 없는 성질을 가지고 있는데 이로서 노인은 다시 한번 절망하고 과거의 부용이라는 딸아이와 함께 했던 시간을 떠올리며 과거를 회상하며 욕망의 실현을 꿈꾸어 보지만 부용 또한 현재 들리는 생동감 있는 아이들의 소리와 대조를 이루는 정적인 이미지로 드러나고, 그늘져 있다. 노인은 집에서 놀이터로 나가 아이들에게 사탕을 주다가 문득 어린 남자아이가 먹는 복숭아의 물 많은 과육을 보며 참을 수 없는 근지러움을 경험하고 아이를 유인해 수면제를 먹여 잠을 재운다. 이로서 과육을 먹는 생동감 있는 아이를 소유함으로 동적 세계로 향하는 욕망을 이루려 하지만, 그 아이가 먹는 복숭아가 아이의 개의 죽음을 대가로 받은 것이 밝혀지면서 아이 또한 심한 결핍을 경험하고 있음이 드러나고 노인의 욕망의 실현이 하나의 허상으로 끝나게 됨을 상징적으로 시사한다.

<적요>에 나타나는 대립되는 심상과 그 상징적인 의미 해석으로 시작한 연구는 서술 주체의 비극적인 세계인식과 실존에의 고통스런 통찰과 파행적 극복양식의 의미를 살펴보았고 그 사이에 위치한 존재의 한계 양상을 밝힐 수 있었다. 그러나 이러한 방법은 문체 해석에서 극히 지엽적인 논의로 오정희 소설의 문체연구를 위해 여러 작품을 보다 체계적이고 일관된 방식으로 비교, 검토할 때 그 특이성을 이해하고 소설이 의도하는 본질적인 의미를 찾게 될 것이다. 또한 7,80년대를 대표하는 여류 소설가 오정희 소설의 문체를 동시대의 남성 작가의 작품들과 비교 검토한다면, 그의 소설이 갖는 특이성과 변별성이 한층 간명하게 이해될 수 있을 것이고, 90년대 이후의 부각하는 현대 여성 작가들의 문체와도 비교 검토한다면 문체 미학이 갖는 큰 흐름을 이해할 수 있을 것이라 생각한다.

참고 문헌

1. 연구소설

· 김승옥, ≪김승옥 소설 전집 1≫, 문학동네, 1995.

· 김승옥, ≪김승옥 소설 전집 2≫, 문학동네, 1998.

· 오정희, ≪불의 강≫, 문학과 지성사. 2001.

2. 참고도서

1) 김천혜, ≪소설 구조의 이론≫, 문학과 지성사, 1994.

2) 끌로드 브레몽, ≪현대 소설의 이론≫.

3) 키런 이건, ≪현대소설의 이론≫, 최상규 옮김, 예림기획, 1997.

4) R.S. 크레인, ≪현대소설의 이론≫, 최상규 옮김, 예림기획, 1997.

5) 현길언, ≪한국 현대소설론≫, 태학사, 2002.

6) 김병욱 편/최상규 역, ≪현대 소설의 이론≫, 예림기획, 1997.

7) 유태영, ≪현대소설론≫, 국학자료원, 2001.

8) 이홍균, ≪소외의 사회학≫, 한울아카데미, 2004.

9) 류양선, <김승옥의 소설 세계 또는 '서울, 1964년 겨울에 유폐된 영혼>,
　　_____, ≪작가연구≫제6집, 새미, 1998.

10) 조남현, ≪소설원론≫, 고려원, 1993.

11) 이선영, ≪문학비평의 방법과 실제≫, 삼지원. 1983.

12) 유종호, <감수성의 혁명>, ≪비순수의 선언≫, 민음사, 1995.

13) 金治洙, ≪韓國小說의 空間≫, 열화당, 1976.

14) 윤병노, ≪한국 현대문학사≫, 김윤식 外, 현대문학, 1989.

15) 정과리, ≪문학, 존재의 변증법≫, 문학과 지성사, 1985.

16) 이화 여자대학교 한국문화연구원 편, ≪사회학 연구 50년≫, 한국학술사 총
    서6, 혜안출판, 2004.

17) 김천혜, ≪소설 구조의 이론≫, 문학과 지성사, 1990년.

18) 이승훈 편저, ≪문학상징사전≫, 고려원, 1995.

19) 하웅백, <자기정체성의 확인과 모성적 지평>, ≪작가세계≫,1995, 겨울.

20) 황현미, <오정희 소설의 상징성 연구>,성신여대 석사 논문. 2000.

21) 박혜경, <불모의 삶을 감싸안는 비의적 문체의 힘>, ≪작가세계≫,1995, 여름.

22) 정영화, <오정희 소설연구>, 중앙대 석사, 1996.

23) 황도경, ≪문체로 읽는 소설≫, 소명출판, 2002. 3

24) 이혜원, ≪현대시와 욕망과 이미지≫, ≪시와 시학사≫ 1998.

25) 전기철, ≪한국 전후 문예비평 연구≫, 실존주의 문학론의 이해, 서울, 1994.

26) 맬컴보위 지음, ≪라캉≫, 시공사, 1999.

27) 매조리 볼튼 지음, ≪小說의 分析≫, 김영민 역, 東泉社.